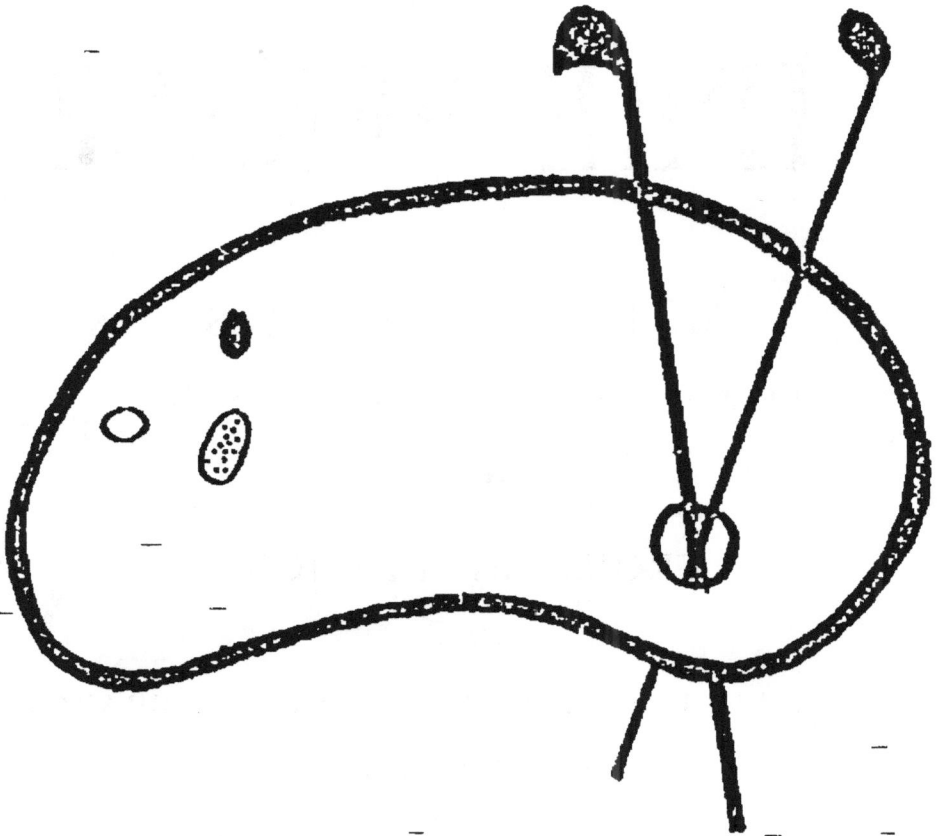

COUVERTURE SUPERIEURE ET INFERIEURE
EN COULEUR

RÉFLEXIONS

SUR LA

LIBRE-PENSÉE

PAR

M. le Dr DESCRIMES

MEMBRE DE LA SOCIÉTÉ DE LETTRES ET ARTS D'AGEN

TROISIÈME ÉDITION

PRÉCÉDÉE

D'UNE LETTRE DE M. LE CHANOINE HÉBRARD

A L'AUTEUR.

AGEN

IMPRIMERIE VEUVE LAMY, RUE SAINT-ANTOINE, 43

1895

RÉFLEXIONS

LIBRE-PENSÉE

RÉFLEXIONS

SUR LA

LIBRE-PENSÉE

PAR

M. le Dr DESCRIMES

MEMBRE DE LA SOCIÉTÉ DES LETTRES ET ARTS D'AGEN

TROISIÈME ÉDITION

PRÉCÉDÉE

D'UNE LETTRE DE M. LE CHANOINE HÉBRARD

A L'AUTEUR.

AGEN

IMPRIMERIE VEUVE LAMY, RUE SAINT-ANTOINE, 43

1885

LETTRE

DE M. LE CHANOINE HEBRARD

A L'AUTEUR.

———

MONSIEUR LE DOCTEUR,

En publiant une nouvelle édition de vos *Réflexions sur la Libre-Pensée*, vous avez souhaité que je dise, ici même, à vos lecteurs ce que je pense de cet opuscule. Je le ferai d'autant plus volontiers que le but que vous vous proposez dans votre travail est des plus nobles, et les vérités que vous mettez en lumière sont fondamentales.

Et d'abord, Monsieur, je louerai votre zèle à défendre la vérité religieuse, au moment où l'enfer conspire contre elle avec une fureur digne des premiers âges de l'Eglise.

Déjà en 1862, trop justement ému des dangers que faisait courir à la jeunesse l'enseignement de la

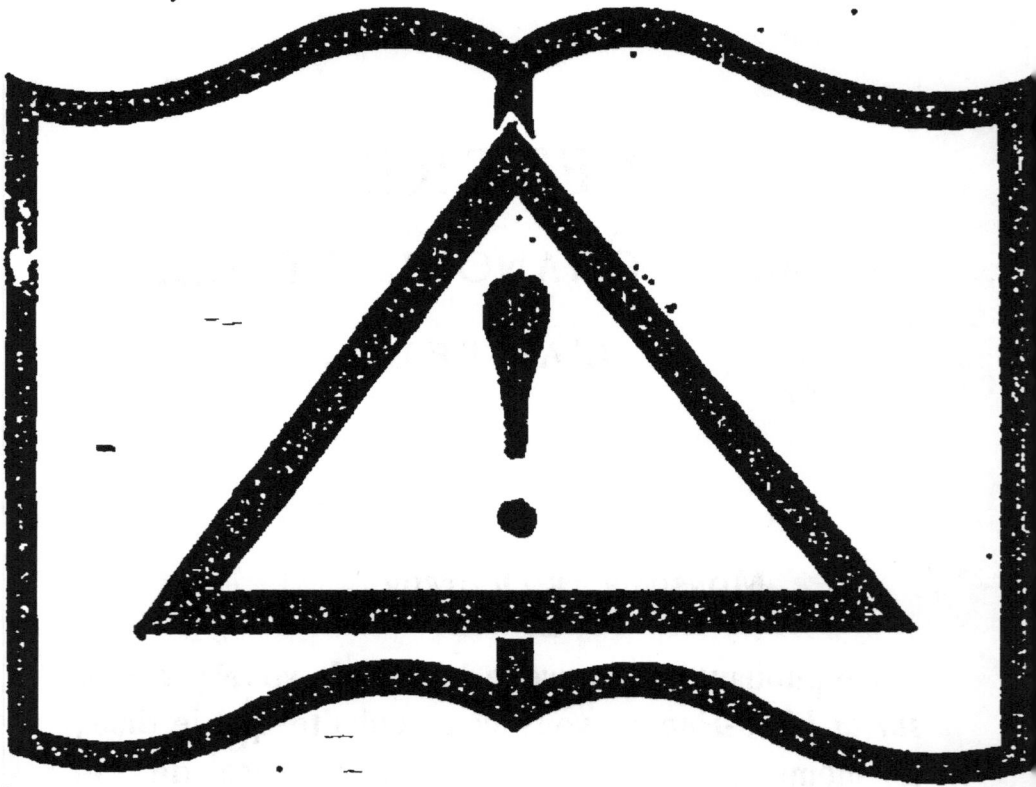

DEBUT DE PAGINATION

philosophie tel qu'il se pratiquait dans les lycées et les collèges, vous demandiez par une pétition au Sénat qu'on introduisit dans les programmes universitaires une importante amélioration.

Plus tard, la Libre-Pensée s'affichant dans le monde avec une audace que rien ne peut plus réprimer, vous avez voulu, en quelques pages concises et substantielles, prémunir contre les envahissements de l'impiété ceux qui n'avaient pas le loisir ou le moyen de recourir à de longues et savantes réfutations. Vous réalisez ainsi le vœu de l'un des plus grands esprits de notre siècle, qui disait avec juste raison : « Je ne vois pas pourquoi les gens du « monde que leur inclination a portés vers les études « sérieuses, ne viendraient pas se ranger parmi les « défenseurs de la plus sainte des causes. Quand « ils ne serviraient qu'à remplir les vides de l'armée « du Seigneur, on ne pourrait au moins leur refuser « équitablement le mérite de ces femmes coura- « geuses qu'on a vues quelquefois monter sur les « remparts d'une ville assiégée pour effrayer au « moins l'œil de l'ennemi (1). »

Et vous aussi, Monsieur, comme ces héroïnes demeurées célèbres dans l'histoire, vous montez sur les remparts de la citadelle que l'ennemi assiège

---

(1) De Maistre, *Du Pape*, Disc. prélim., § 1.

avec une rage persévérante, et vous lancez vos traits de toute la vigueur de votre bras.

L'existence de Dieu et la nécessité d'une révélation divine, l'accord parfait de la raison et de la foi et le mutuel appui qu'elles se prêtent, le *Syllabus* et l'infaillibilité pontificale devenus dans ces derniers temps « les gardiens de la doctrine catholique (1), » voilà les principaux points que vous vous efforcez d'établir, à l'encontre d'une prétendue philosophie qui s'appelle fastueusement la critique nouvelle.

« Grande dame allemande, vêtue à la française, mais fort contrefaite, voire même un peu louche, et apercevant d'ordinaire l'opposé de ce qu'elle regarde, cette critique montre une ambition plus que superbe. Anéantir le divin dans l'humanité ; reléguer le surnaturel dans la région des chimères ; et pour mieux atteindre son but, viser au cœur même du christianisme en s'attaquant à Jésus-Christ lui-même, personnification vivante du surnaturel et du divin : telle est la prétention du rationalisme moderne (2). »

« Il faudrait être aveugle, dit Bossuet, pour ne

_____

(1) *Réflexions sur la Libre-Pensée*, Avant-propos.
(2) Le Père Félix, *Jésus-Christ et la Critique nouvelle*, première conférence de 1864.

« voir pas qu'il y a une puissance occulte et ter-
« rible qui se plait de renverser les desseins des
« hommes, qui se joue de ces grands esprits qui
« s'imaginent remuer tous le monde, et qui ne
« s'aperçoivent pas qu'il y a une raison supérieure
« qui se sert et se moque d'eux, comme ils se ser-
« vent et se moquent des autres (1). »

Il y a au milieu de nous une multitude de ces
aveugles, conduits par d'autres aveugles qui se di-
sent les seuls voyants de notre époque. Et si,
parmi eux, quelques-uns semblent admettre encore
l'existence de la divinité, ce n'est plus, selon l'expression d'un noble esprit, qu'une statue de Dieu
remplaçant le Dieu vivant. « Parmi les rationalistes,
« a dit M. Guizot, les meilleurs laissent subsister, dans
« le monde et dans l'âme humaine, la statue de
« Dieu, s'il est permis de se servir d'une telle
« expression, mais la statue seulement, une image
« en marbre; Dieu lui-même n'y est plus. Les
« chrétiens seuls ont le Dieu vivant. C'est du Dieu
« vivant, ajoute cet homme d'Etat, que nous avons
« besoin. Il faut, pour notre salut présent et futur,
« que la foi dans l'ordre surnaturel, que le respect
« et la soumission à l'ordre surnaturel rentrent dans
« le monde et dans l'âme humaine, dans les grands

---

(1) Second sermon pour le dimanche de la Quinquagésime.

« esprits comme dans les esprits simples, dans les
« régions les plus élevées comme dans les plus
« humbles (1). »

Et parce que cette éclatante vérité est trop mé-
connue de nos jours, que de ruines, hélas! dans
les individus comme dans les sociétés! Nous lais-
serons ici à deux sages, qui avaient sondé la pro-
fondeur du mal, le soin de nous en révéler toute la
gravité.

Qu'en est-il de ces hommes qui ont fermé les
yeux aux lumineuses clartés de la foi, pour ne suivre que leur propre raison ?

« La justice divine se manifeste sur eux du haut
des cieux, a dit le grand évêque de Poitiers; croyant
être sages, ils deviennent insensés; ces hautes intelligences se perdent dans des systèmes absurdes,
dans des doctrines où personne ne veut les suivre. Puis trop souvent, des jouissances orgueilleuses
d'une raison fière et indépendante, ils tombent jusqu'aux voluptés grossières. Ne voulant pas s'élancer
jusqu'aux régions pures et sereines où la foi les
conduirait, ils glissent sur la pente du sens. Et le
prétendu sage cède aux passions d'ignominie; et
celui qui, en public, proclame les maximes les plus
sévères de l'ordre moral, retombant sur lui-même,

(1) *Méditations et études morales,* Préface. Paris, 1852.

souille son corps par le péché, son âme par les mauvais désirs, quelquefois ses mains par l'iniquité. Et ainsi s'accomplit la parole du Psalmiste: « L'homme « ayant été constitué en gloire, n'a pas compris sa dignité; » il est tombé, et, dans sa chute, il n'a pu s'arrêter à une région moyenne impossible à habiter; « il est tombé jusqu'au niveau des bêtes sans « raison, et il leur est devenu semblable (1); » et ayant vécu de la vie des sens, il a été trouvé digne de mort, de la mort qui consiste à être éternellement privé de Dieu, et de la mort qui consiste aussi dans la peine éternelle du sens coupable : *Quoniam qui talia agunt digni sunt morte* (2).

« Volontiers, continue le cardinal Pie, nous en appellerions ici aux hommes du monde eux-mêmes, à leur conscience, à leur expérience, et nous leur dirions : « Vous qui vivez en dehors des pratiques de la religion positive, répondez: N'est-il pas vrai qu'avec la seule raison, avec la seule morale humaine, quelque beaux principes que l'on professe, quelque éducation savante et polie qu'on ait reçue, n'est-il pas vrai qu'on est impuissant à réprimer tous ses penchants coupables, à étouffer tous les instincts mauvais? Quand vous avez senti en vous ces deux hom-

---

(1) Psaume XIII, 21.
(2) Epître aux Romains, I. 32.

mes dont parle saint Paul, ne vous a t-il pas été facile de reconnaître que l'homme selon la nature est
un maître dont l'empire est bien fragile, l'autorité
bien mobile et bien incertaine? Ah! que de fois le
maître s'est mis d'accord avec l'esclave! que de fois
l'esprit s'est fait complice de la chair! Homme sérieux et presque austère le matin, homme d'études
ou d'affaires dans le cabinet, le soir ce n'était plus
qu'un homme léger et folâtre, un homme d'ambition
et de plaisir. Philosophe drapé dans le manteau
héréditaire de Socrate et de Platon quand il fallait
poser devant le public, trop souvent, dans le se-
cret, il ne restait qu'un disciple d'Epicure. Oui,
mon frère, avouez-le, non pas à nous, mais à vous
même, votre vertu humaine, votre sainteté humaine,
s'est au moins quelquefois démentie ; juste devant
les hommes, vous ne l'êtes pas à vos propres yeux;
vous connaissez dans votre vie plus d'une page hu-
miliante; vous avez mis le pied dans la fange ; vous
n'êtes pas pur de cœur; et si, tôt ou tard, vous ne
recourez aux sources de la grâce, s'il ne descend
pour vous un pardon du ciel, si une goutte du sang
de Jésus-Christ, que vous repoussez, ne vient toucher votre âme et la guérir, vous avez mérité le
châtiment des coupables : *Quoniam qui talia agunt*
digni sunt morte (1). »

_____

(1) Le cardinal Pie, évêque de Poitiers, *Première instruc-*
tion synodale sur les principales erreurs du temps présent.

Et maintenant, si nous envisageons l'état de la société, n'est-il pas vrai qu'elle se meurt? Les extrémités sont froides, le cœur le sera bientôt. Et savez vous pourquoi elle se meurt?

« Elle se meurt, a dit un philosophe-chrétien, parce qu'elle est empoisonnée. Elle se meurt, parce que Dieu l'avait faite pour être nourrie de la substance catholique, et que des médecins empiriques lui ont donné pour aliment la substance rationaliste. Elle se meurt, parce que l'erreur tue, et que cette société est fondée sur des erreurs... La force vitale de la vérité est si grande que, si vous étiez en possession d'une vérité, d'une seule, cette vérité pourrait vous sauver. Mais votre chute est si profonde, votre décadence si radicale, votre aveuglement si complet, votre nudité si absolue, votre infortune tellement sans exemple, que cette seule vérité, vous ne l'avez pas. Pour cette raison, la catastrophe qui doit venir sera dans l'histoire la catastrophe par excellence. Les individus peuvent se sauver encore, parce qu'ils peuvent toujours se sauver; mais la société est perdue : non qu'elle soit dans une impossibilité radicale de se sauver, mais parce que, selon moi, il est évident qu'elle ne veut pas être sauvée (1). »

C'est pour remédier à cet état de choses que

---

(1) Donoso Cortès, *Lettre à MM. les rédacteurs du Pais et du Héraldo.*

l'immortel Pie IX élevait la voix, il y a quelques
années. « Dans ce crépuscule redoutable que tra-
versent aujourd'hui toutes les sociétés de l'Europe et
du monde, il fit briller l'éternelle lumière des immuables principes. Au milieu de la diminution des vérités et de l'affaiblissement des intelligences qui ga-
gne de plus en plus les générations nouvelles, il
proclama pour tous la plénitude de la vérité et la
règle des intelligences avec une force indicible et
une imcomparable autorité (1). » Mais que de cla-
meurs souleva l'acte pontifical! On voulut voir, dans
le *Syllabus* ou catalogue des principales erreurs religieuses et sociales de notre époque, une déclara-
tion de guerre à la société moderne; et l'on dénonça
la Papauté comme une ennemie publique de tout
progrès politique et social. L'irritation est loin
d'être apaisée, et ce grand acte pontifical, suivi
bientôt de la solennelle définition, par le concile du
Vatican, de l'infaillibilité doctrinale du Pape, est
toujours regardé, par une foule d'hommes politiques
et autres, comme radicalement imcompatible avec
les exigences les plus légitimes de la civilisation.

Vous, Monsieur, vous vous inclinez avec respect
et amour devant l'infaillibilité, qui, « au point
de vue humain, vous semble le plus important des

---

(1) Le Père Félix, La *Négation sceptique*, 6e conférence de
1865.

dogmes chrétiens. (1) » Vous découvrez dans le
Syllabus « la vérité qui nous vient de Dieu » par
l'organe de son pontife, « et dont notre raison individuelle s'inquiéterait sans motif au point de vue de
la liberté (2). » Et sans vous émouvoir outre mesure
de la guerre acharnée que l'on fait de toutes parts
à Jésus-Christ et à son Eglise, vous concluez en
ces termes :

« Les tendances sont aujourd'hui à la foi, parce
« que tout semble conspirer contre elle. On pourra
« susciter des obstacles à la diffusion de ses doc-
« trines, mais on ne pourra jamais réprimer les
« élans du cœur vers les magnifiques espérances
« que le christianisme ouvre à toutes les misères
« d'ici-bas. Il faut que nos adversaires le sachent.
« Nul ne peut dire jusqu'où peuvent s'élever l'abné-
« gation et le dévouement des gardiens de la foi,
« inspirés par la charité (3). »

Un langage si noble et si convaincu trouvera,
j'ose vous l'assurer, un fidèle écho dans tous les
cœurs catholiques ; et peut-être aurez-vous la con-
solation de rallumer dans quelques âmes aveuglées

---

(1) *Réflexions sur la Libre-Pensée*, Avant-Propos.
(2) Ibidem.
(3) Ibidem.

le flambeau de *la véritable lumière qui éclaire, tout homme venant en ce monde* (1). Je demande instâmment è Dieu de donner à votre zèle pour la cause religieuse cette juste récompense.

P. Hébrard,
Chanoine Théologal.

Agen, le 16 janvier 1885.

(1) Saint Jean, chapitre I. vers. 9.

PRÉFACE

L'auteur de cette brochure, dont il s'est écoulé un bon nombre d'exemplaires, croit devoir rappeler le but qu'il s'est proposé en l'écrivant. Par les livres de la fausse science, l'erreur répandue à profusion dans toutes les classes de la société, pénètre sans obstacle chez un grand nombre de lecteurs qui n'attendent que la lumière sur des questions où le doute obscurcit la foi. Nous parlons particulièrement des hommes du monde. Parmi ces hommes, un grand nombre, pleins, d'ailleurs, de foi et de charité, se montrent résolument des soutiens de la foi. Mais d'autres, séduits par le prestige des doctrines scientifiques de la libre-pensée, sont enclins à n'envisager les

enseignements de la chaire, en ce qui concerne
leurs croyances religieuses, que comme l'objet
d'un sentiment honnête, généreux, respectable.
Que manque-t-il à ces hommes pour être ouver-
tement chrétiens ? La certitude que les systèmes
positivistes ont été réfutés et que l'accord de la
raison et de la foi est bien établi. Mais les preuves faites par les maîtres de la science sont
éparses dans des livres qu'on n'ira pas certainement feuilleter, les hommes du monde n'en ayant
ni le goût ni le loisir.

Il y aurait donc une place utile à tenir, pour un
livre consacré à la défense de nos croyances religieuses. Ce livre serait un exposé très concis des
documents recueillis par les maîtres de la science
contre les théories positivistes. Il renfermerait,
en 80 pages environ, une série de discussions
variées où serait reproduite, sous une forme
succincte, mais complète, la réfutation des observations de la libre-pensée. Cet abrégé dont le lec-
teur pourrait disposer à tout instant, selon
sa convenance, offrirait à ses réflexions des
textes diversifiés qu'il serait libre de quitter
et de reprendre, sans rompre la suite de ses
lectures. On y verrait la preuve que l'enseignement chrétien ne redoute pas les investigations de la science, mais qu'il les provoque,
parce qu'elle affirme les enseignements de la

chaire, enseignement divin d'origine, car il fut marqué du sceau de Dieu dans l'inspiration des apôtres. L'auteur des *Réflexions philosophiques* pense que son opuscule sur la libre-pensée peut tenir lieu de l'abrégé désiré par les chrétiens éclairés.

AVANT-PROPOS

Parmi toutes les prétentions qu'affiche, au nom de la Libre-Pensée, la science contemporaine, contre les principes philosophiques acceptés jusqu'à nos jours, il n'en est pas de plus hardie et de plus dangereuse que celle de l'enseignement quasi-officiel de la philosophie donné à la jeunesse de nos écoles. Faciles à séduire et à tromper, ces intelligences à peine écloses peuvent trouver dans ces livres élémentaires offerts à leurs réflexions premières, sous la signature autorisée de leurs maîtres, des leçons suivies et sérieuses de positivisme, de matérialisme, de naturalisme, et comme conséquence inévitable, la négation systématique du surnaturel avec le mépris de toute religion.

Qui le croirait ? Il y a tels établissements ecclésiastiques ou religieux de Paris et de la province, dans lesquels, à l'insu des maîtres, sans doute, ces leçons et manuels sont reçus et suivis au grand détriment de la formation morale des élèves destinés par leur famille à y recevoir de plus orthodoxes enseignements.

Un de nos amis, venu dans l'une de ces maisons pour examiner les élèves de philosophie, interrogeait l'un d'eux sur les origines, les causalités des êtres et l'essence de la matière. A son grand étonnement, la réponse du philosophe aurait été parfaitement placée sur les lèvres d'un positiviste au courant des théories émises depuis Condorcet et d'Alembert jusqu'à Comte et Littré « Quels auteurs avez-vous donc entre les mains ? demande l'examinateur. — « La philosophie de M. J. Andrieu, préparateur au baccalauréat (1). »

On le voit, le venin est d'autant plus dangereux qu'on sait le dissimuler pour corrompre les esprits les moins prévenus. C'est assez indiquer le motif et le but de notre modeste travail.

Avant d'aborder la réfutation du livre *Philosophie et Morale*, il convient de faire connaître les circonstances qui ont précédé cette réfutation et qui l'ont motivée. M. Jules Andrieu publiait, en 1875,

_____

(1) *Philosophie et Morale*, par Jules Andrieu, préparateur au baccalauréat, 1875. Paris, librairie de la *Bibliothèque nationale*, Palais-Royal, 2.

le livre *Philosophie et Morale*. Cette même année paraissaient, dans la *Revue de l'Agenais*, nos *Réflexions Philosophiques* entièrement opposées au positivisme. La réfutation du livre *Philosophie et Morale* est la continuation de la polémique essayée par l'auteur des *Réflexions* contre le système positiviste. Jusqu'ici, on avait cherché, par des habiletés de langage, à fausser les notions sur Dieu, sur l'âme, sur l'origine et les fins des misères de l'homme. En ce moment le positivisme revendique le plein exercice de ses droits, dans le domaine de la libre-pensée. Le système est maintenant dévoilé. L'affirmation matérialiste des novateurs nous présage la fin de leur système Ils n'abuseront plus désormais des hommes de convictions sincères, mais trop confiants. La division est d'ailleurs dans le camp. Les symptômes de cette division avaient dû se manifester, parmi les sectaires, une quinzaine d'années avant la publication de Jules Andrieu. On verra, dans les citations subséquentes, comment Gustave-Lambert admoneste des sectaires inintelligents, des retardataires, des hommes indignes du nom de savants. C'est ainsi qu'il qualifie la catégorie des novateurs polythéistes à laquelle appartient l'auteur du livre *Philosophiie et Morale*. La gigantesque encyclopédie, ainsi appelée par Jules Andrieu, toute puissante, à l'époque de sa fonda-

tion, venait de faire table rase de toutes les institutions scientifiques, morales et religieuses, et
n'acceptait la réconciliation qu'au profit de ses
idées. Or, elles passèrent inaperçues, emportées
par le mouvement spiritualiste qui éclata à
la fin du premier quart de notre siècle, comme
une protestation énergique contre l'inqualifiable
intrusion des sciences dans le domaine de la
philosophie, que les novateurs, alors, comme aujourd'hui, voulaient annihiler. Et vous parlez de
déloyauté, lorsque les fils de cette philosophie
viennent de revendiquer des droits qui n'ont
jamais été contestés, sinon à l'époque où toutes les
saines doctrines furent bouleversées. Ces droits
avaient été consacrés par la durée et aussi par le
contrôle, car la philosophie spiritualiste avait subi
les investigations d'un puissant génie, qui, lui aussi,
après avoir fait table rase en philosophie, avait
constaté l'accord de la raison et de la foi.

M. Jules Andrieu, collaborateur de l'*Association mutuelle*, expose ainsi la théorie qu'il est
chargé d'enseigner : « Le positivisme, cherchant
« les lois de la vie, n'a trouvé comme phénomène
« général, qu'une loi des apparences, le mouve-
« vement, dernier terme de ses recherches. Le
« mouvement lui est donc apparu comme la
« dernière abstraction à laquelle il pouvait ramè-
« ner la vie. » En d'autres termes, les phénomè-

nes de la vie intellectuelle et morale poussés jusqu'à la dernière abstraction n'aboutissent qu'à la matière obéissant à la loi du mouvement. C'est donc le matérialisme formant le programme de l'école mutuelle exposé et développé par l'ardent vulgarisateur de cette époque. Je ne suis pas assez versé dans le mouvement littéraire de nos jours, pour connaître le rang qu'y peut tenir M. Jules Andrieu, mais, les droits de la vérité sont sacrés et il incombe à tous, comme un devoir, de les affirmer et de les rétablir, lorsqu'ils sont niés ou travestis par les mensonges de l'erreur. L'éducateur en philosophie et en morale pour l'instruction du peuple, est préparateur au baccalauréat, il a donc charge d'âmes. Mais le critique en prend résolûment son parti. Qu'on en juge par l'exposé qui suit : « Le critique regrette « les temps païens. Il propose la restauration du « culte de leurs Dieux, comme la personnification « la plus parfaite des besoins de l'humanité, et, par « conséquent, comme l'exemplaire rationnel du « nouveau code des sociétés. »

Le positivisme, qu'on ne l'oublie pas, a pour but la réforme sociale. C'est donc une question d'actualité du plus grand intérêt. Il importe de suivre ses phases, jusqu'au point culminant qu'il atteint aujourd'hui par ses manifestations de tout genre, journaux, brochures, pamphlets, placards, répandant à l'envi contre les objets qui nous sont le plus sacrés, le ridicule, le mensonge, la calomnie, l'injure ; vrai pugilat littéraire, si l'on pouvait appeler littéraires des provocations ignobles, que tout homme de sens et de cœur dédaigne de relever.

Combien les déductions effrayantes des insanités philosophiques qui passent tous les jours sous nos yeux, nous éloignent de cette philosophie spiritualiste des écoles de la Grèce, dont le prestige charme encore nos souvenirs! Aussi, l'auteur du livre *Philosophie et morale* s'efforce-t-il de flétrir Socrate, le fondateur de l'Académie d'où est sortie la philosophie spiritualiste. Pourquoi ce souvenir d'un célèbre procès évoqué de si loin, avec le jugement inique dont la postérité avait fait justice? Jules Andrieu s'efforce de le justifier, en reproduisant les calomnies qui l'avaient motivé. N'en déplaise à la tradition, dit le critique, Socrate était absurde. Cependant, ajoute-t-il, Socrate, je le sais, professait le souverain bien. Où sont, dès lors, les griefs qui ont amené la fin de ce grand procès. Ah ! la critique moderne, fait remarquer l'accusateur, a constaté un sous-entendu dans la doctrine de Socrate. Ce sous-entendu, c'est l'idéalisme, c'est-à-dire la séparation de la matière et de l'esprit.

Nous avons discuté les assertions de l'auteur du livre *Philosophie et Morale*, au point de vue de la saine raison, du sens commun et de la mise en pratique de la sociologie nouvelle. Nous dirons aux fauteurs des systèmes, qui veulent, nouveaux apôtres, régenter le monde à leur façon : l'auteur qui écrit pour l'instruction populaire, n'est plus l'écrivin qui se livre aux fantaisies de la libre-pensée. Il est assujetti dans ce grave ministère, à la pudeur qui règle les mœurs, et qui doit caractériser la forme littéraire d'un livre vraiment consciencieux. Soyons sérieux et n'allons pas nous persuader que le christianisme qui a régénéré le monde soit à la merci des utopistes. Cependant, ils font du mal, beaucoup de mal, en s'efforçant de miner tous les jours cette grande école de respect, seule autorité encore debout. Le respect semble aujourd'hui proscrit dans la famille, comme dans la société. Essayons de le raviver, particulièrement dans l'enseignement populaire, par nos sympathies pour ceux qui le reçoivent et aussi pour ceux qui le donnent d'une façon méritoire.

Ici se présentent, comme un texte susceptible d'utiles développements, les vers fameux du satyrique latin, qui, dans sa juste indignation contre les mœurs de son temps, rappelait à ses contemporains le respect dû à l'enfance.

Maxima debetur puero reverentia ; si quid
Turpe facis, etc.

Nous sommes en présence d'une science rétrograde qui excita les revendications des savants, ses contemporains, lorsque Lamarck essaya de l'inaugurer parmi nous, au premier quart de notre siècle. Il me semble entendre encore la voix éloquente de ces jeunes orateurs luttant, à la tête de l'école spiritualiste, contre une science, alors bien humble, qui représentait l'homme, comme un simple anthropomorphe, c'est-à-dire comme une forme humaine privée des attributs qui caractérisent et ennoblissent la race humaine.

Avant de terminer cette étude, et pour éviter les équivoques, il importe de préciser le langage du positivisme. En exposant nettement la signification des termes, nous en connaîtrons la portée, et nous préviendrons les ambiguités qui rendent l'argumentation fallacieuse. Qu'est-ce que le *devenir*, mot fatal qui résume dans sa brutalité et nous pouvons le dire aussi, dans toute sa sincérité, la science nouvelle? Combien de personnes du monde, même éclairées, répètent ce mot, comme une expression scientifique courante sans

plus d'importance que tout ce qui se rattache au
langage ordinaire de l'école. Mais, qu'on y prenne
garde. Quand le positivisme a tout nié, tout dé-
moli, l'ancienne philosophie et nos croyances
religieuses, quand il a mis en présence du néant
la foi et la raison,—impassible et logique, au milieu des ruines qu'il vient de faire, il traduit cet
effondrement moral par l'expression la plus vraie
qu'aient pu inspirer l'orgueil de l'esprit et la sé-
cheresse du cœur : — nous avons tout détruit, dit
la science froidement ; tout est à refaire.

En attendant, nous vous laissons tout ce qu'il
plaira au hasard de vous donner, le *devenir*. C'est
effrayant de logique destructive et gros de sinis-
tres conséquences. Le devenir, c'est le navire
lancé dans les flots, sans pilote et sans gouver-
nail. Mais le navire ainsi désemparé, que peut-il
contre le hasard et les écueils ? Qu'importent,
les angoisses d'une génération en péril, quand la
science se fonde ! Guidée par ses principes, elle n'a
qu'à manipuler dans ses laboratoires de chimie et
dans ses ateliers mécaniques, cette triste humanité, qui n'est, selon la critique, qu'à l'alpha
de la science. Encore une fois qu'adviendra-
t-il, en attendant l'œuvre qu'elle élabore ! Mais,
répond-elle, un immense résultat est acquis. Je
vous ai débarassé de l'ancien dogme moral et religieux ; dès lors, à chacun le droit et la liberté
d'agir en vue de ses besoins et de ses désirs.

Pour ménager les susceptibilités soulevées par les hardiesses de la libre-pensée, les positivistes avaient reculé, jusqu'ici, devant les affirmations de l'athéisme. Aussi, ont-ils cherché, dans les subtilités, les équivoques qui permettent d'affirmer ou de nier alternativement sur la même question et suivant les besoins du moment, le pour et le contre, le oui ou le non. C'est la méthode hégélienne, ainsi résumée par le Père Gratry (1) : « Je supprime Dieu ; j'appelle Dieu ce « qui reste et je dis que je ne suis pas athée. On « nomme Dieu, en disant qu'il n'est pas, et on dit « qu'on n'est pas athée. Le Dieu bon qui connait « et qui aime, qui gouverne le monde, son « ouvrage, ce Dieu n'est pas ; ce n'est qu'une « abstraction. » Voilà l'équivoque à l'aide de laquelle la fausse science séduit des hommes éclairés et de bonne foi. Dans cette classe, deux tendances se manifestent : celle des chrétiens, affirmant hautement leur croyance par le culte qu'ils rendent à Dieu et celle des sceptiques, qui semblent voir avec indifférence la divergence des opinions, des idées et des sentiments religieux. Il n'est plus possible aujourd'hui de se faire illusion sur les dangers de cette indifférence. M. le Play les a signalés dans ses études sur notre état social, qui ne se relèvera, écrit-il, que par le retour aux enseignements chrétiens du xvııe siècle.

Le catholicisme est aujourd'hui plus que jamais l'indispensable soutien de notre état social. Il peut s'affirmer avec toute l'autorité que lui donne l'ascendant de la raison. C'est une déduction d'ordre naturel qui amène à la foi, dans l'ordre surnaturel.

Nous touchons au domaine de l'Eglise et de ses enseignements. L'Eglise n'a été l'objet des préventions qu'elle soulève, que parce qu'elle n'est pas assez connue. De là, ces dédains et ces appels aux puissances du jour contre la diffusion de la doctrine chrétienne. Dans cette question qui est en dehors de la politique, le dernier mot restera toujours aux enseignements de cette doctrine qui relève exclusivement du domaine de la conscience. C'est un fait dominant dont il faudra toujours faire la part.

Le catholicisme n'a pas à se mêler aux luttes des partis. Son programme est correct. Il demande l'autorisation de créer, à côté des écoles laïques, des maisons d'enseignement libre, avec la faculté de donner l'instruction religieuse à ses élèves, soit par des laïques, soit par des prêtres réunis en corps enseignant, soit par des congrégations religieuses. Ici se dressent des préventions qui semblent rendre inconciliables l'Etat et le Catholicisme. Mais l'Eglise, se maintenant en dehors des visées politiques et des compétitions des partis, se renferme exclusivement dans le cercle de son œuvre, sans redouter la surveillance de l'Etat, quelle que soit sa forme gouvernementale. Combattre les préventions et les sophismes, en leur opposant les clartés de la saine raison en accord avec la foi, telle est la mission de l'Eglise dans les variations politiques que subissent les institutions des peuples. Loin de repousser le progrès, la foi s'empresse de le constater dans la connaissance des lois qui régissent le monde, car ces lois attestent la puissance de leur divin auteur. Telle est la doctrine chrétienne. L'infaillibilité adresse aux peuples son *Syllabus* : voilà la vérité, leur dit-elle, cette vérité, raison supérieure, qui nous vient de Dieu et dont notre raison individuelle s'inquiéterait sans motif, au point de vue de la liberté.—L'infaillibilité et le *Syllabus* sont les gardiens de la doctrine chrétienne, ils n'imposent pas la contrainte, mais ils s'imposent à notre raison qui s'incline et rend hommage à la vérité. L'infaillibilité, au point de vue humain, nous semble le plus important des dogmes chrétiens. Que deviendraient les principes immuables de l'éternelle vérité, s'ils restaient livrés à l'indépendance et aux déréglements de la raison individuelle ? D'où viennent donc les sarcasmes et les colères qu'elle excite? On allègue les empiètements de l'Eglise sur les pouvoirs de l'Etat. Qu'importe au catholi-

cisme les drapeaux qui tombent avec les temps ?
La charité suffit à son œuvre. Il ne demande que
sa part dans le droit commun, la liberté pour l'enseignement de ses dogmes et pour la pratique de
son culte.

A qui persuadera-t-on, que dans ce moment
où tout semble présager la ruine de la doctrine
chrétienne, les hommes préposés au soin de la
conserver, puissent être un danger pour l'Etat ?
Ce serait une dérision, si nous n'étions pas en
présence d'une véritable conspiration annonçant
hautement ses projets de bouleversement social.
Et nous verrions, sans effroi, la nation retourner
à la barbarie, en livrant aux conjurés, l'Eglise,
ce palladium de nos libertés et de nos gloires, à
travers les vicissitudes des temps ! Non ; un état
ne va pas de gaîté de cœur aux abîmes, or, il
serait réduit à rien, par la force d'inertie qu'il
soulèverait contre lui de toutes parts.

Infaillibilité ! Syllabus ! Ces mots retentissent
dans le monde, comme un cri de guerre, éveil-
lant un écho qui se répercute avec une sonorité
effrayante. Le xviii° siècle, dans les saillies de
son esprit railleur, versait à flots sur le christianisme la dérision et le mépris, comme si ces
enseignements n'eussent été qu'une œuvre d'hypo-
crisie, de bassesses, de lâchetés et de crimes. Le
scepticisme, à cette époque, était la religion de

la haute société et des lettrés. Il s'est répandu progressivement dans la bourgeoisie. Ce semblant de religion dépourvue de toute autorité, ne peut avoir qu'une durée très limitée, étant toujours en butte aux attaques de l'erreur. Il doit donc disparaître et laisser le champ ouvert au programme de la libre-pensée.

La science triomphante tient toutes les avenues du Pouvoir. Elle proclame la déchéance de Dieu et l'exclut des écoles laïques. Eliminé par elle comme une vaine hypothèse, le nom qui la rappelle tombera avec elle, et le Dieu-Humanité sera le terme et la glorification de son œuvre. Où serait l'obstacle! Avec une Assemblée qui délibère souverainement et un pouvoir qui sanctionne, tout se règle au nom de la science. Cependant, ses fauteurs semblent effrayés de leur puissance ; on le comprend sans peine. Ils ne peuvent pas se dissimuler que Dieu agit à son heure, quand et comme il lui plaît. Cette heure a sonné, car l'action des hommes est manifestement impuissante. L'usurpation du pouvoir temporel sur les consciences disparaîtra comme le rêve d'une imagination malade ou trompée par ses illusions. Alors, le monde surpris verra se réaliser dans sa véritable acceptation, l'autorité spirituelle du chef de l'Église, dans le gouvernement des consciences. Mais serait-ce lorsqu'on s'efforce d'effacer Dieu de nos souvenirs et de l'arracher de nos âmes, que, par un coup imprévu de la grâce, le calme se rétablirait dans le monde et la paix renaîtrait dans nos âmes? Serait-ce un enseignement donné de nos temps, par un décret éternel de la Providence, pour réprimer une fausse science en révolte contre Dieu ? Infaillibilité ! Syllabus ! mots symbolique de la loi de la grâce ! Qu'importe la guerre acharnée contre les institutions fondées par Jésus-Christ ? Qu'importent les persécutions qui, après avoir assailli son berceau, l'on poursuivi jusqu'à l'infâme gibet ? Elles ont allumé dans le monde l'ardent foyer de la charité qui réunira et fortifiera les cœurs, au souvenir du doux Crucifié. Oui, les tendances sont aujourd'hui à la foi, parce que tout semble conspirer contre elle. On pourra susciter des obstacles à la diffusion de ses doctrines, mais on ne pourra jamais réprimer les élans du cœur vers les magnifiques espérances que le christianisme ouvre à toutes les misères d'ici-bas. Il faut que nos adversaires le sachent. Nul ne peut dire jusqu'où peuvent s'élever l'abnégation et le dévouement des gardiens de la foi, inspirés par la charité.

Le monde se trouve, en ce moment, partagé entre deux puissances, ayant chacune le mot qui caractérise la nature et la portée du système philosophique et moral qui les distingue: les chrétiens, avec le *Syllabus* qui les éclaire à travers les écueils de la vie; les libres penseurs, qui considèrent. Dieu et l'âme comme des hypothèses, avec le *devenir*, ce mot officiel de la science, que nous avons appelé désastreux parce qu'il est le symbole d'une prétendue psychologie qui livre le monde à l'empire de l'orgueil et de la sensualité, à toutes les passions, en un mot, qui grouillent, sans mesure et sans frein, dans les bas-fonds de l'organisme. C'est le matérialisme vainement déguisé.

Il est consolant de rappeler contre les excès de la libre-pensée, une éloquente protestation amenée par une discussion approfondie sur le positivisme envisagé au point de vue même de l'école qui en fait profession. M. Félix Lucas s'est placé sur le terrain de l'école nouvelle, il a discuté avec elle les résultats obtenus par l'application des sciences, physique, chimique, mécanique, à la connaissance des sciences de l'homme. Il a confirmé les résultats obtenus et ajouté à leur importance par ses propres recherches. Il a donc accepté avec conviction le concours indispensable des sciences, pour fonder la biologie, mais il est sincère et il avertit ses contemporains que la science de l'homme, fondée exclusivement sur les sciences naturelles, présente une lacune qu'ils ne pourront pas combler. La biologie, alors, ne sera plus que le tronçon d'une science mutilée, dans ce qui fait son plus bel apanage, la connaissance des clartés éternelles et immuables qui brillent au-dessus de nos intelligences.

Voici en quels termes éloquents M. Félix Lucas proteste contre le matérialisme : « Quand il serait prouvé dit-il, que l'européen de l'âge de pierre était un singe perfectionné, on n'expliquerait pas comment cet anthropomorphe, ce candidat à l'humanité, aurait obtenu le diplôme impérissable que nous appelons l'âme supérieure. L'intervention surnaturelle se révèlerait encore, le mystère génésiaque renaîtrait de ses cendres. Il y a donc, dans l'homme, autre chose que l'organisme périssable le seul que la science ait pu disséquer. Il y a, en outre, un moi supérieur dont les facultés ne résident pas dans les organes accessibles à nos scalpels. Croire anéantir la foi spiritualiste pour dépouiller l'homme du mystérieux attribut qui le caractérise et vouloir combler l'abîme sans fond qui le sépare de l'animalité, ce serait l'illusion d'un sceptique aussi orgueilleux qu'impuissant. Dire au nom de la science actuelle, que cette œuvre est accomplie, se serait mentir. »

RÉFLEXIONS PHILOSOPHIQUES

Dans la production des faits de l'intelligence et de la volonté, on remarque, en s'aidant de l'observation, que l'organisme ne peut pas être considéré comme l'unique agent de ces faits. Une nouvelle série de faits se produisant dans notre conscience, sans l'intervention des sens, nous amène logiquement à l'admission d'un principe spécial qui en serait la cause. Il y a des faits sensibles ; il y a une observation intérieure de conscience, aussi véridique que l'observation extérieure.

Il y a donc, dans la science de l'âme, un objet et un instrument, comme dans la science du corps. Les droits de cette science ainsi constatés. on se demande avec étonnement, comment elle fut éliminée par les réformateurs de notre temps. N'est-ce pas se jouer du bon sens que prétendre renouveler les sciences en les fondant sur les faits et n'envisager que ceux qui se déduisent des sens? Mais les faits de conscience s'imposent à la méthode philosophique, comme une nécessité logique. Il faudrait donc, après avoir éliminé le principe de ces faits, créer scientifiquement son équivalent pour en représenter la cause.

On arrive donc logiquement à l'Être suprême, dans l'univers, et dans l'homme, à l'âme avec ses attributs. Il y a donc dans la nature des corps et des esprits formant deux sciences distinctes avec un égal caractère de certitude, car nous ne connaissons pas plus l'essence de la matière que celle des esprits. C'est pourquoi, guidés par le sens commun, les philosophes de l'antiquité, comme ceux de nos jours, ont accepté les cause premières comme un ordre de vérités aussi indiscutables que la matière.

Ces causes premières, Dieu et l'âme, se révèlent à notre conscience, avec une puissance de conviction et un caractère de certitude tels que la raison admet leur existence, sans plus de contrainte qu'elle n'admet l'existence des objets matériels qui tombent sous les sens.

C'est donc par une incomparable aberration que nous avons vu les causes premières, Dieu et l'âme, relégués dans l'oubli, lorsqu'ils avaient constitué, jusqu'ici, l'aliment de la vie intellec-

tuelle et morale des peuples, c'est-à-dire le plus
bel apanage de l'homme.

Cabanis avait exclu Dieu et l'âme du dō-
maine des sciences, pour la raison ou sous le
prétexte qu'ils sont inconnaissables.

Barthez les avait admis comme scientifiquement démontrés.

Les intérêts de la morale, du moins, seront-ils
sauvegardés par le bonheur réservé, comme dernière fin ici-bas, aux hommes vertueux qui au-
ront accompli leurs devoirs ? Mais pense-t-on que
la généralité des hommes puisse avoir le temps
de les étudier ou d'y réfléchir assez pour les con-
naitre ? Car, d'un côté, d'après Helvétius, il faut
faire un calcul pour savoir où se trouve notre
intérêt, et, d'après Cabanis, un raisonnement
abstrait pour discerner l'intérêt particulier de
l'intérêt général, qui est la loi du système.

Voilà son côté négatif ; voici son côté cruelle-
ment positif. Nous avions un conseil, un guide
permanent, un asile assuré contre les opressions
et les violences du dehors, un lieu de refuge où
l'homme se recueille, dans les joies, dans les
douleurs : la conscience ! Dans le système de l'organisme, elle ne nous transmet plus que des impressions passagères, variables comme les objets
qui agissent sur les sens.

Mais si, après avoir perdu les inspirations per-

manentes, la conscience n'a plus le droit d'affirmer ni ce qu'elle fait, ni ce qu'elle veut, où donc
l'homme trouvera-t-il un guide pour l'accomplis-
sement de ses devoirs? Car c'est de la conscience
seule que jaillit la spontanéité de nos résolutions,
surtout dans les actes de devoir, si fréquents dans
la vie, où il faut prendre une résolution prompte,
sûre et ferme. Ce système a-t-il été un progrès
dans les sciences? Il suffit de le définir pour en
juger.

Le positivisme, après avoir mutilé la science
qui élevait l'homme, le condamne au néant, sa
dernière fin. Voilà tout ce que cette science nous
offre pour assouvir notre insatiable désir de l'infini, ce que M. Broussais appelle une espérance
chimérique. Or, ce désir se produit avec une intensité telle qu'il est aussi indispensable au soutien de la vie que la substance qui l'alimente
chaque jour. Ce désir, qui s'est produit à tous les
âges de l'humanité, dans tous les temps, dans
tous les lieux, chez tous les peuples sauvages,
barbares, civilisés, avec une unanimité aussi pro-
digieuse, ne peut être l'effet d'une disposition pas-
sagère des esprits, d'une influence extérieure
quelconque.

C'est le résultat d'une des lois primordiales qui
gouvernent le monde et qui s'imposent à notre
raison avec un caractère de certitude aussi in-

contestable que les faits qui tombent sous les
sens. La déception, dans ce cas, serait uné anò-
malie dans la création, un trouble dans l'harmo-
nie des lois qui la régissent.

La question rappelée ici fut l'objet d'une con-
sultation très sérieuse, qui mit en présence deux
illustrations médicales qui l'ont résolue, chacune
à son point de vue. Ne discutons pas les droits
de savants ; constatons le jugement rendu par la
science d'alors, qui ne s'appelait pas encore la
libre-pensée. Quel que soit son nom, nous ne lui
appliquerons pas la sentence qu'elle a rendue et
qu'elle maintient tous les jours dans ses livres,
ses journaux et ses enseignements.

C'est un droit acquis à tous les système nouveaux, dans ce temps de tolérance et de libre
discussion ; mais alors, qu'on nous permette, du
moins, d'user du même droit et de rechercher
s'il n'y aurait pas quelque chose de bon dans
ces vieilles théories qu'on s'efforce de proscrire
et qui nous gouvernent depuis dix-huit siècles.

Le positivisme, attentif au mouvement des
idées, ne perd pas de vue cette période d'activité
morale où les esprits sont occupés, à bon droit,
de tout ce qui peut contribuer au bien-être et au
bonheur des populations. Il s'abuse, s'il croit
qu'elles iront en chercher les conditions dans des

mots ambitieux et vides de sens. Elles veulent le vrai, le positif dans les choses. Le positif, pour nous, n'est pas dans les recherches abstraites de la formation de nos idées. Il nous faut voir briller cette lumière qui éclaire tout homme venant en ce monde et y trouver toute faite la morale qui, depuis dix-huit siècles, gouverne le monde.

Le Décalogue, les Évangiles, voilà notre code. De quel droit viendriez-vous contester leur autorité ? N'appartiennent-ils pas à l'histoire ? Le philosophe et le moraliste n'ont-ils pas le droit de discuter tout ce qui se dégage d'une existence historique, qu'elle qu'elle soit, avec ses actes et ses idées ? Moïse, ce grand révélateur, qui nous a laissé le Décalogue. le Christ qui a changé les pôles du monde moral et l'a reconstitué de nouveau, ne mériteraient pas même une mention ! Et nous vous laisserions vous proclamer vous-même la science par excellence, la science positive, sans qu'il sorte de notre poitrine un cri d'admiration et de reconnaissance pour le modeste fils du charpentier de Nazareth ! Ne l'auriez-vous délaissé que parce qu'il est empreint du caractère divin, par le fait de sa doctrine et l'histoire de sa vie ? Non, vous n'êtes pas la science, vous en avez usurpé le prestige ; vous le perdrez, le jour où nous affirmerons la nôtre contre vos lugubres utopies. non pas seulement dans les temples où, depuis longtemps, on a fait raison de vos hypothèses, mais dans des écrits adressés au public éclairé.

La doctrine spiritualiste dont nous venons d'exposer les idées, se heurte. ici contre l'école de l'organicisme et du sensualisme, et peut-être trouvera-t-elle aussi des contradicteurs timorés dont nous respectons infiniment les scrupules. Mais nous sommes rassurés par l'autorité du saint et savant restaurateur de l'ordre de saint Benoît, enlevé au monde chrétien chargé d'ans, de travaux d'œuvres.

Voici, sur Dom Guéranger, les appréciations de son éloquent panégyriste : « Nul n'a été « plus que Dom Guéranger opposé aux systèmes « qui dépriment la nature et la raison. Nul n'a « été plus en garde contre les opinions qui rendent comme inconciliable l'accord de la raison « et de la foi. Il est toujours demeuré étranger « aux fausses théories sur l'impuissance de la « raison individuelle. Les lettres, les arts, la « science, il les voulait à la base, au service du « surnaturel, qui n'est que le perfectionnement « divin de tout ce qu'il y a de pur et de purifié « dans la nature. Tel était Dom Guéranger, dans « toute la largeur de ses conceptions théologi- « ques. » Un tel enseignement répandu ferait cesser bien des doutes et rendrait le calme à beaucoup d'esprits. Encouragé par une autorité si imposante, nous n'avons pas hésité à publier ce *compendium* des réputations du philosophe.

A l'appui de ces idées, écoutons un des maîtres de la chaire où ont brillé successivement les éloquents interprètes de la parole sacrée. « Aujourd'hui, le mot prestigieux par excellence, celui qui porte dans son mystère la grande tentation des intelligences, c'est celui-ci : la science. Voilà pourquoi, puisque la critique vise à représenter parmi nous la science, puisqu'elle parle sans cesse de procédé scientifique, nous avons le droit d'en exiger, au moins, les conditions essentielles et les plus vulgaires éléments de tout ce qui veut et prétend être la science : une définition clair, un objet précis, des principes certains, des conclusions rigoureuses.

« Quiconque, manquant de ces quatre choses, se proclamerait scientifique, prouverait qu'il ignore même ce que c'est que la science. Nous l'avons regardé de face et le fantôme s'est évanoui. Ce qui demeure, c'est une littérature de genre, se jouant aux confins de l'histoire et de la légende, un voyage littéraire à travers les origines religieuses, l'idylle, la pastorale, le roman, recouverts d'un vernis scientifiques, tout ce qu'on voudra, moins la science. Mais même dénuée de la science et réduite à sa valeur, cette critique, grâce à nos ignorances, ne laisse pas que d'être une puissance.

« Deux courants apparaissent sous nos yeux, emportant les générations nouvelles dans deux directions opposées. Par l'un de ces courants, notre siècle redevient chrétien, par l'autre, il retourne au paganisme. Le fait est là tout vivant et défie le démenti. »

Telles sont les paroles qui tombaient de la Chaire de Notre-Dame de Paris, il y a dix ans à peine. Ne serait-on pas autorisé à dire, que si la situation est changée, c'est qu'elle a empiré ? N'est-ce pas là une preuve fournie par la plus haute autorité, à l'appui de l'assertion contre le positivisme, exprimée dans la première partie des réflexions philosophiques ? Cette assertion n'est donc pas l'effet d'une illusion sur la situation mentale de notre temps.

- Distrait par les variétés du réalisme, que l'esprit d'analyse, poussé à outrance, cherche aujourd'hui, dans les profondeurs des choses de la vie, sans respect de l'art, des lettres et des mœurs, il perd de vue la voie, et paraît peu s'en inquiéter. Cependant le phare brille, au rivage, de sa lumière toujours éclatante, et les avertissement ne manquent pas à l'équipage qui suit à la dérive.

Mais, a-t-on dit un jour, pourquoi lutter contre

le flot ? L'embarcation n'a-t-elle pas son libre arbitre ? Elle en use. Voilà le mot, et dans ce mot, toute une théorie, qui répand sa pernicieuse influence sur l'histoire, les sciences, les arts et, dans le monde moral , sur les principes qui le régissent. Ce libre arbitre, en présence d'une situation qui conduit aux abîmes, ce laisser aller, passé dans la pratique, c'est la fatalité introduite dans les affaires de la vie. La société n'est plus alors qu'une sorte de machine qui se meut aveuglément ; c'est l'indifférence à l'égard du vice et de la vertu.

Cette fatalité de la chose, cette impassibilité de l'homme, seraient-elles, à l'avenir, la loi de l'histoire ? Il ne m'appartient pas d'aborder cette question. Une grande autorité, Châteaubriand, l'a traitée sans la résoudre. « Après l'hommage sans réserve, dit l'illustre écrivain, rendu aux chefs de l'école fataliste, il me sera peut-être loisible de hasarder des réflexions sur leur système, parce qu'on en a étrangement abusé. Les écoliers, comme il arrive toujours, n'ayant point les talents des maîtres, croient les surpasser, en exagérant leurs principes. » Suivent les conséquences moralement désastreuses de ces principes exagérés, exposés par l'auteur. A cette époque, le même écrivain nous présentait le christianisme bâtisssant, avec les lumières de la raison naturelle et sans perdre le caractère divin. les fondements sur lesquels

reposent la raison supérieure, la révélation. C'était.
alors, le triomphe complet du spiritualisme, la
réhabilitation des causes premières, affirmées par
d'imposantes autorités, non suspectes, assurément,
de complaisances cléricales, lord Byron et Benjamin Constant. « Je ne suis pas ennemi de la
religion, disait lord Byron, au contraire; et pour
preuve, j'élève ma fille naturelle au catholicisme
strict, dans un couvent de la Romagne, car je
pense qu'on ne peut jamais avoir assez de religion
quand on en a. Je penche de jour en jour davantage pour les doctrines catholiques. »

Pendant son exil, en Allemagne, Benjamin
Constant s'occupa de son ouvrage sur la religion. Il rend compte à un de ses amis de son
travail, dans une lettre autographe dont
voici le passage, assurément fort remarquable :
« Je verrai, j'espère, dans peu de jours, la tota-
lité de mon *Histoire du Polytéisme* rédigée. J'en ai
refait tout le plan et plus des trois quarts des cha-
pitres. Il l'a fallu, pour arriver à l'ordre que j'avais
dans la tête, et que je crois avoir atteint ; il l'a
fallu encore, parce que, comme vous savez, je ne
suis pas cet intrépide philosophe, sûr qu'il n'y a
rien après ce monde, et tellement content de ce
monde, qu'il se réjouit qu'il n'y en ait pas d'autre.
Mon ouvrage est une singulière preuve de ce que
dit Bacon, qu'un peu de science mène à l'athéisme

et plus de science à la religion. C'est positive-
ment, en approfondissant les faits, en en recueil-
lant de toutes parts, et en me heurtant contre les
difficultés sans nombre qu'ils opposent à l'incré-
dulité, que je me suis vu forcé de reculer dans les
idées religieuses. Je l'ai fait certainement de bonne
foi , car chaque pas m'a coûté. Encore à présent
tous mes souvenirs, toutes mes habitudes sont
philosophiques et je défends, poste après poste,
tout ce que la religion reconquiert sur moi. Il y
a même un sacrifice d'amour propre, car il est
difficile, je le pense, de trouver une logique plus
serrée que celle dont je m'étais servi pour atta-
quer toutes les opinions de ce genre. *Mon livre
n'avait absolument que le défaut d'aller dans un
sens opposé à ce qui à présent me paraît vrai et
bon.*»

Il serait difficile de trouver un témoignage plus
explicite et plus puissant en faveur des causes
premières, Dieu et l'âme, qu'on venait de proscrire. La nouvelle école avait fait table rase des
renseignements de la doctrine chrétienne et sapait
par la base la civilisation moderne qui en était
l'expression. Le même arrêt frappait la philosophie et les lettres payennes. C'était la Grèce et
Rome, au temps de leur civilisation florissante,
déclarées, comme nous, abêties ou en démence,
dans leurs sublimes manifestations sur les causes

premières. La nouvelle école, se jouant sur les
questions religieuses, quel que soit le nom, n'est
en définitive, que le matérialisme, avec son unique
symbole, le *Néant*. De là, la radiation des mots
Dieu et Ame, comme puissances agissantes puisque
que la matière se suffit à elle-même, dans ses in-
finies modifications.

Telle est la nouvelle école, dans son vrai caractère et avec ses effrayantes conséquences. Les
mots Dieu et Ame, conservés comme de pures
fantaisies de langage, demeurent sans autorité sur
les consciences. S'ils ont perdu le pouvoir de les
consoler et de les soutenir, l'école enseignera
qu'ils n'ont pas, davantage, le pouvoir de les
troubler.

Si Benjamin Constant, en présence de ces idées,
s'est senti contraint de reculer dans la religion,
comme dans un dernier retranchement, que penser de l'école philosophique du jour, qui pose en
principe qu'elle ne touche jamais à la question
religieuse, parce que la science indépendante la
suppose antérieurement résolue, et cela parce
qu'elle est la science indépendante et qu'à ce titre,
apparemment, elle a le droit de supposer ce qu'elle
ne veut ou ne peut démontrer.

Les raisonnements, les considérations qui pré-
cèdent, ont-ils aujourd'hui de l'opportunité ?
Peuvent-ils présenter de l'intérêt ? Ont-ils quelque

utilité dans la situation actuelle des esprits? Il
suffit de regarder autour de soi, pour se convain-
cre que la philosophie du sens commun qui, depuis un demi siècle, avait dominé jusqu'ici dans
les œuvres de science, de lettres et d'art, touche
à une période de décadence pleine de périls pour
la société. Ce qui était vrai, à l'époque dont il est
question, a-t-il cessé de l'être aujourd'hui? Un
nouveau révélateur est-il venu combler la lacune
ouverte, dès ses débuts, dans la science? Que
parlez-vous de lacune, répond la nouvelle école,
n'avez-vous pas la nature pour le gouvernement
du monde, et l'organisme pour les phénomènes
de l'intelligence?

Voilà le dernier mot du positivisme. A la vérité, nous voyons ses adeptes affirmer avec nous
des fragments de vérité dont leur système est
nuancé, car, pour eux, la science, c'est un mé-
lange de vrai et de faux, se confondant par des
nuances habilement ménagées. En réalité, cette
école ne poursuit qu'un but : la négation de Dieu
et de l'Ame. C'est un incompréhensible système,
où se trouvent mêlés les mots Dieu, Ame, Religion, détournés de leur nette et réelle signification, pour la commodité du langage, ou pour séduire, de leur vieux prestige, des lecteurs ou des
auditeurs peu attentifs aux choses de la philosophie, et peut-être trop confiants dans l'avenir

d'une doctrine qui vivra, quoi qu'on fasse, parce qu'elle est vraie.

Oui, elle vivra, mais, dans le monde où elle se meut, savons-nous les lieux réservés à son heureuse influence? Ne peut-elle pas disparaître et laisser les contrées qu'elle avait jusqu'ici préservées, livrées aux déchirements des instincts et des passions sans frein? Qu'on ne s'y trompe pas, on ne décrète pas la morale. Elle préexiste à nos lois, et du moment qu'a disparu le principe d'où elle émane, il ne reste plus que la brutalité dans la force qui le remplace. Je dis la force et non le pouvoir, parce qu'alors il n'y a plus que des instincts qui se heurtent ; c'est la loi des fauves dans les déserts, c'est la souveraineté du plus fort.

Les préoccupations actuelles ont pour objectif principal l'amélioration et le bien-être des peuples. Or, personne n'ignore que la doctrine chrétienne est entrée la première dans cette voie et qu'elle continue résolument son œuvre, avec l'abnégation qui a vaincu le monde et qui le domine.

Je ne comprends pas qu'il en puisse être autrement. Dans ce système, dans ce positivisme, encore une fois, c'est le droit de tout faire, et la loi qui prohibe et qui réprime n'est qu'une violence faite à la liberté. Voilà où aboutit la logique du positivisme.

Ce résultat qui n'avait été qu'indiqué dans la première partie de ces Réflexions philosophiques et qu'on s'est efforcé de prouver ici, n'implique aucune pensée de récrimination, ni contre les auteurs de ce système, ni contre leurs adhérents. C'est le droit de la libre-pensée, avec la responsabilité qui nous incombe à tous dans l'usage que nous en faisons. Mais le public éclairé, qui a gardé une attitude expectante et presque indifférente, tant que la libre-pensée s'est tenue dans le domaine de la spéculation, se demande aujourd'hui s'il ne serait pas opportun de combattre sa propagande, en faisant pénétrer dans l'esprit public les saines notions de la philosophie, par l'histoire, la poésie, la littérature et des arts.

M. LITTRE.

————

Le positivisme trouve trop restreintes ses attributions dans les sciences. La chimie, la physique ne doivent former que l'accessoire de son domaine. La biologie, la sociologie, la philosophie avec la morale rentrent aussi dans ses attributions, si bien que changeant la vieille conception du monde, le positivisme substitue à l'empire d'une providence l'empire de lois générales, toujours actives, toujours obéies.

Si nous apprécions ce nouveau système, d'après les données du sens commun, cette philosophie pratique qui dicte les jugements des hommes sur les faits de l'histoire, ce système se produit à notre esprit, comme la plus hardie, la plus étonnante, la plus incroyable intrusion qu'on ait jamais entreprise. Quoi donc ! Voici cette doctrine qui a fondé le monde moderne, qui depuis dix-huit cents ans n'a cessé de le protéger, de le guider, de le faire se développer jusqu'au terme où il est parvenu, c'est-à-dire à la plus haute civilisation, dans les temps anciens et modernes, et l'on ose nous dire que ce n'est qu'une étape dans le progrès, dont le dernier terme doit être, sinon la suppression formelle de Dieu, du moins son inutilité dans les phénomènes du monde, — l'athéisme !

Nos adversaires en appellent aux faits constatés par l'observation et l'expérience. Le christianisme, à qui est due la civilisation des états modernes est, à leurs yeux, un obstacle au progrès. A nous l'instruction et l'éducation des peuples, dit la science nouvelle.— Le besoin d'innover qui nous tourmente ne semble t-il pas avoir pour objet de faire un autre monde, avec de nouvelles jouissances. pour d'extravagantes fantaisies? et les peuples seraient-ils destinés aujourd'hui à devenir le sujet de ces expériences? C'est à bon droit alors, qu'on oppose une fin de non recevoir à des utopies qui voudraient remplacer de majestueuses doctrines doublement consacrées par la vérité et la durée.

« Beaucoup d'écrivains convaincus que les croyances religieuses sont la principale force des Etats, se persuadent en même temps, qu'aucun effort ne saurait arrêter le mouvement qui porte la France vers le scepticisme. Le christianisme établit dans la constitution des modernes, des moyens de réforme dont ne jouissaient pas les anciens. Ils s'élèvent par l'ensemble de leurs aptitudes morales, au-dessus du niveau atteint dans le passé, par les nations les plus puissantes. Cette supériorité est bien due à la religion chrétienne, car elle est surtout marquée chez les ·~~ples qui gardent le mieux la foi et la mission s.. naturelle de Jésus-Christ. Après certaines époques, chaque peuple a trouvé le moyen de réagir sur lui-même. Comme exemple de la force de réaction qui distingue les Européens modernes, on peut citer, au milieu de notre décadence actuelle, la tendance vers le mieux, dans les efforts persévérants, quoique infructueux encore, qui se sont faits depuis le commencement de ce siècle, pour remédier aux vices du siècle dernier. »

En présence d'une situation jugée avec une telle hauteur de vues par l'auteur de la *Réforme sociale*, M. Leplay, les fâcheuses préventions qui s'appelaient « la croisade des Jésuites contre l'Université » ne sont plus que des vieilleries d'un autre âge, depuis longtemps oubliées. Cette question a été depuis longtemps résolue, dans le cathéchisme de nos enfants. Elle revient aujourd'hui à cet enseignement élémentaire confirmé par les plus puissantes autorités de notre époque. Il suffit de nommer l'auteur des *Etudes philosophiques sur le christianisme*, M. Auguste Nicolas, qui semble avoir été inspiré, dans son ouvrage, par le Père Lacordaire et l'auteur de la *Réforme sociale* en France, M. Leplay, dont un critique éminent a dit qu'il sera vraiment grand, dans l'histoire intellectuelle du xix° siècle. Le débat scientifique, en ce moment engagé, ne pouvait trouver sa solution que dans les idées exposées par ces deux autorités compétentes entre toutes. C'est, d'un côté, l'accord de la raison et de la foi, au point de vue purement doctrinal par l'auteur des *Etudes* et le même accord considéré au point de vue utilitaire, par celui de la *Réforme*.

« L'étude méthodique des sociétés, dit ce dernier écrivain, m'a appris que le bonheur individuel et la prospérité publique sont en proportion de l'énergie et de la pureté des convictions religieuses. Je signale aux sceptiques l'erreur et la stérilité de leurs opinions, je montre aux catholiques français que, pour sauver en nous la grande nation catholique, nous devons reprendre les sentiments que saint Vincent-de-Paul inculquait à nos pères. »

La situation sociale, telle qu'on la vit se produire au milieu du siècle dernier, devait amener une réaction inévitable. L'organisme politique avait perdu son point d'appui, les idées de religion étaient délaissées ou faussées par les classes dirigeantes d'alors et livrées à la dérision par une

philosophie que Cicéron appelait de son temps,
philosophie de bas étage.

Ainsi avaient fini les sociétés de l'ancien monde,
lorsqu'elles ne furent pas guidées par la religion
naturelle, cette saine philosophie , reste d'une
révélation primitive. A cette antique philosophie
succéda le monde nouveau refait par Jésus-Christ
et livré par le divin Révélateur aux recherches
et aux discussions de la science.

Plaçons-nous sur le terrain de la science et
discutons.

Le surnaturel s'impose à nos déductions scientifiques par le même procédé logique que les faits
de relativité ; car, si dans la relativité il y a une
impression faite sur les sens, il est certain, aussi,
que la conscience, dans son action spontanée, est
saisie d'une invincible conviction sur la notion des
causes premières, Dieu et l'âme. Ils appartiennent,
nous dit-on, à l'*inconnaissable* et, sous ce prétexte, on les exclut de toute recherche.

Eh ! mon Dieu ! le surnaturel nous déborde et
bientôt, sans doute, la science devra régler avec
lui ses comptes. Il y a plus de cinquante ans que
le procès s'instruit. Les cartons de l'Académie sont
pleins de documents ; et à propos de ces pièces,
un des plus illustres et des plus compétents parmi
ses membres, M. Arago, disait ces paroles :« Celui
qui, en dehors des mathématiques pures, pro-

nonce le mot impossible, commet une impru-
dence. »

M. Littré fouille exclusivement dans la matière
pour nous présenter le tableau de la transforma-
tion des êtres. Mais la relativité, pour parler son
langage, enferme l'homme dans le cercle restreint
de l'impression des sens et le déshérite des espérances de l'avenir. Or, vous auriez obtenu tout
ce que l'on peut espérer de la science, dans ses
applications, vous auriez rendu possible et sûre
la navigation aérienne, vous auriez créé des voies
sous-marines, percé les montagnes, visité toutes
les mers, vous n'aboutiriez qu'à produire le
tœdium vitœ dans la classe opulente, dont les aspirations seraient, désormais, sans objet, le dé
couragement chez le savant qui n'aurait même
plus la ressource du doute, et, dans l'humanité tout
entière, la souffrance et le désespoir.

L'auteur de ces lignes honore et respecte les
chercheurs de la science. Le nom de M. Littré et
ses idées n'ont pas en lui un adversaire de parti
pris, disposé à repousser tout ce que renferme un
livre de grande érudition (1).

Avant de clore le débat, il incombe à tous les

_____

(1) *La Science, au point de vue philosophique, 1873*, par
M. Littré.

ayant-cause, de protester contre la prétention de changer la conception du monde, de le bouleverser, sous prétexte de l'améliorer. Ce n'est certainement pas l'intention de l'auteur ; mais tout éminent qu'il puisse être par son érudition et si vous voulez par son génie, il pourrait ébranler l'ordre social, mais il serait impuissant à le reconstituer.

Des progrès à faire dans les sciences, des améliorations dans notre état de société, en vérité qui donc pourrait se désintéresser de ces questions ? En revanche qui oserait accepter la solidarité d'une révolution dans l'ordre moral, en dehors des inspirations, des prescriptions de la pensée chrétienne ?

Le positivisme poursuivra ses recherches dans les sciences physiques; mais la morale et la philosophie resteront éternellement dans le domaine du christianisme, parce qu'il est l'éternelle vérité, le dernier mot de la civilisation. Les sociétés modernes ne peuvent pas avoir vécu dix-huit cents ans des enseignements de cette grande école, sans en être imprégnées. Ils constituent en nous quelque chose de caractéristique qui est propre à toutes les branches de la grande famille chrétienne.

L'organisme humain, constituant un être à part, a été doué d'un principe supérieur assujetti à chercher le moyen de satisfaire ses aptitudes spéciales, qui se traduisent par des aspirations vers l'infini. Ces aspirations ont pour aliment les vérités universelles et nécessaires qui gouvernent la conscience, siège du désir insatiable de connaître. De là des besoins non moins impérieux que les autres besoins de l'organisme, car l'homme ne vit pas seulement de pain, a dit le divin Révélateur. Pour le physiologiste, ce précepte est aussi une déduction scientifique très positive, une loi inéluctable des besoins de l'âme et de l'organisme.

La porte reste donc ouverte au surnaturel confirmé par la science. Vous le repoussez; mais qui donc eût pu concevoir la pensée de l'apostolat, (et par quels hommes, pour une telle œuvre), et leur eût osé dire : Allez, enseignez le monde et le renouvelez ? Cette effrayante mission donnée, acceptée et accomplie, peut elle être l'œuvre unique de la puissance humaine ? C'est contraire à toutes les notions résultant de l'étude des facultés de l'homme et de ses aptitudes. Ce fait historique incontestable, peut dérouter la science, mais il ne l'autorise pas à mettre sous le boisseau la lumière qui s'en dégage.

Philosophie positiviste, daignez un instant porter votre attention sur le drame palpitant de vérité et de grandeur accompli, en son temps, à Jérusalem. Prenons, parmi ses tableaux, et pour

ne pas trop prolonger vos ennuis, deux situations
seulement. Écoutez l'apôtre jetant aux sensualis-
tes de son temps, ces paroles : « La folie de la
Croix régénère le monde. » Majestueuse ironie,
prévision surhumaine que le génie et l'éloquence
n'eussent jamais inspiré !

Relevons encore dans ce drame, deux mots où
la pensée s'abîme, impuissante à les commenter :
«.J'ai vaincu la mort. » Paroles tombées du ciel
sur l'humanité déchue et relevée par elles. Ici, les
instincts s'évanouissent, les puissances de l'âme
se confondent dans l'admiration et le ravissement
devant la majesté du sujet du drame, l'Homme-
Dieu. Ces paroles ont aussi retenti à vos oreilles
et vous détournez dédaigneusement vos regards
de l'inspirateur de nos recherches dans le vrai, le
bien, le grand, qui est votre inspirateur aussi, dans
la forme brillante qu'à votre insçu revêtent vos
erreurs, car vous vivez, comme nous, sur le fond
commun littéraire des sociétés modernes issues
du christianisme.

L'auteur rentre dans le domaine de la physiologie pure ; il a très nettement conscience de
l'action du cerveau, élaborant les pensées ; il
sent le travail, souvent pénible de cet organe,
agissant par la volonté en l'absence de toute impression, quelquefois même en dehors de la volonté, spontanément et comme par intuition.

L'initiative de ces impressions volontaires ou involontaires vient-elle du cerveau? Vous l'affirmez. Veuillez remarquer que les œuvres sérieuses de l'intelligence dans leur diversité, présentent l'analyse ou décèlent spontanément un caractère d'unité, qui reproduit l'homme toujours semblable à l'homme. La raison de cette unité, dans les tendances de ces œuvres, ne se trouve que dans la force d'initiative de l'esprit humain, lui permettant, pour ainsi dire, de lire certaines vérités qui lui sont données à priori et qui décèlent par leur manifestation, l'unité, dans la société humaine.

Vous dites que c'est là une des propriétés de l'organisme, dans l'exercice de ses fonctions. Cette assertion gratuite n'infirme point la loi qui régit les phénomènes intellectuels, cette force intérieure qui les fait converger primordialement vers l'unité qui caractérise la race. Supprimer l'infini, objet de ces tendances, l'homme, le premier dans la chaîne des êtres, n'est plus qu'un être incomplet, amoindri, faute d'aliments pour ses facultés, qui ne peuvent plus s'exercer dans toute leur expansion.

Prétendriez-vous changer les aptitudes de l'homme, la loi qui régit son être? Si vous supprimez l'Être suprême, son idéal dans le vrai, le bien, le beau, il cherchera cet idéal dans le domaine de ses instincts, dans les folies et les désordres de la sensualité érigée en culte, car le culte est la loi de son être. Si vous violentez cette loi dans l'objet de ses aspirations, l'homme en sera-t-il meilleur et plus heureux ? Or, c'est là *le criterium* de tout système social, s'il n'est pas une utopie irréalisable.

Cela importe peu, parait-il, car vous êtes surtout préoccupé de préserver votre système de l'intervention du surnaturel.

Vous n'en voulez pas, vous reniez le Christ thaumaturge, mais vous verrez toujours dressé devant vous, comme une vivante protestation, contre votre oubli et vos dédains, un personnage historique étranger aux notions de la philosophie et des lettres, excitant perpétuellement dans le monde des étonnements mêlés de respect, d'admiration et de reconnaissance, rénovateur obscur, parvenu par ses aptitudes et son génie à une hauteur de pensées telle, que si la conception et la réalisation de son œuvre n'ont pas donné la solution de la science sociale, elles en ont, du moins, posé les fondements indestructibles.

Le christianisme, au point purement humain, manque l'ère la plus féconde en institutions et en enseignements bienfaisants. Il oppose aux misères inévitables et invincibles de l'humanité l'abnégation et l'amour mutuel des hommes, cette

grande loi sociale inconnue des peuples de l'antiquité et appelée en religion du nom de charité,
sans laquelle il ne sera jamais possible d'aborder
le problème social.

Le positivisme élimine de ses recherches ce
qu'il lui plaît d'appeler l'*inconnaissable*, Dieu et
l'âme, c'est-à-dire la perception la plus sûre, la
plus positive, la plus connaissable que les impressions de la conscience nous puissent révéler.

Le christianisme n'a pas à faire ses preuves ;
il lui suffit de s'affirmer. C'est par lui que le
monde se meut et qu'il retrouve sa voie dans ces
obscurcissements où la pensée s'égare et où le
cœur subit l'entraînement désordonné des instincts.

Ah ! c'est affaire à tous qu'aider à reprendre la
vraie voie, dans cet effondrement où chacun a
sa part de responsabilité. Abnégation et sacrifice, dirons-nous au docteurs de la fausse science :
lisez ce mots inscrits sur les bornes de la grande
voie, qui défie, depuis plus de dix-huit siècles, les
injures du temps et les entreprises des hommes.
Ils s'agitent, ils se concertent, ils s'entendent, pour
régler, comme individus ou comme nation, leurs
destinées temporaires. Dieu leur a laissé ce droit
en leur donnant la liberté et la raison. Mais il
leur a prescrit, pour les guider, les principes du

Décalogue et les enseignements de son Verbe incarné, cette Parole « du doux Crucifié (1).» Où trouver écrits la loi, le dogme, prescrivant les vertus qui élèvent jusqu'à l'héroïsme les existences les plus hautes, les plus frêles, les plus modestes et souvent les plus malheureuses ? Où les trouver en dehors de la grande école chrétienne ?

Le signataire de cet article n'a pas pu avoir la pensée de répondre *ex-professo* aux idées de M. Littré. Elles n'ont été pour lui qu'un texte pris pour remettre en lumière des vérités qu'une fausse philosophie exclut de son système, espérant qu'ainsi vouées à l'oubli, elles ne seront plus un obstacle à la conception du monde nouveau rêvé par elle.

---

(1) Cousin : *Du Bien, du Vrai et du Beau.*

M. LITTRÉ ET SON ÉCOLE.

L'exaltation de l'esprit est, de nos jours,
arrivée à une période d'erreur et de vertige
qui marque la fin de cette école.

Nous avons dit, dans nos précédentes réflexions, que le positivisme n'était pas la science, qu'il n'en avait que le prestige.

Eh bien, dirons-nous à l'école positiviste, votre théorie n'est seulement pas désastreuse, au point de vue moral, elle est erronée, insuffisante et ne peut pas justifier, comme étude de physiologie positive, le titre que vous lui donnez.

Un préjugé généralement répandu contre l'école spiritualiste, repose, surtout, sur la prétention qu'on lui attribue, de ne tenir aucun compte des conditions matérielles qui concourent avec l'âme à la manifestation des qualités morales et des facultés intellectuelles. Or, les plus érudits et les plus célèbres médecins philosophes de notre époque, le docteur Gall dit, le premier, que l'homme, dans cette vie, peut et veut par le moyen du cerveau ; mais si l'on en conclut que l'être voulant et pensant est le cerveau ou que le cerveau est l'être voulant et pensant, c'est comme si l'on disait que les muscles sont la faculté de se mouvoir, que l'organe de la vision est la vision elle-même.

Saint Thomas répondait de la même manière à ceux qui confondent la faculté et l'instrument. Quoique l'esprit ne soit pas une faculté corporelle, les fonctions de l'esprit, telles que la mémoire, l'imagination, la pensée, ne peuvent pas s'exercer sans l'aide d'organes corporels. Grégoire de Nysse, dans le ive siècle, comparait le corps de l'homme à un instrument de musique : « Il arrive, dit-il, à plusieurs médecins très habiles de ne pouvoir donner des preuves de leur talent, parce que leur instrument est en mauvais état. C'est ainsi que les fonctions de l'âme ne peuvent s'exercer convenablement, que lorsque les organes de ces fonctions sont conformes à l'ordre de la nature. Que le corps entier soit l'instrument des forces morales et intellectuelles, que ce soit le cerveau ou plusieurs instruments distincts, dans le cerveau, chacune de ces propositions a pour résultat de faire dépendre les qualités intellectuelles et les qualités morales des conditions matérielles subordonnées à l'action de l'âme »(1). Saint Paul, saint Cyprien, saint Augustin, saint Ambroise, saint Chrysostome, regardent le corps comme l'instrument de l'âme et professent hautement que l'âme se règle d'après l'état du corps. Après de telles autorités, l'école spiritualiste n'a aucun intérêt de doctrine à contester ou à amoindrir les résultats de l'organisme si explicitement constatés.

Que la physique, par ses procédés perfectionnés, la chimie, par ses savantes recherches, mettent, avec le télescope, les reliefs ou les creux des planètes à la portée de notre vue, ou nous montrent, par les grossissements du microscope, les atômes de la matière en mouvemement dans les masses immobiles qui nous entourent, qu'en peut-il résulter, pour la doctrine spiritualiste, qu'un témoignage plus éclatant des magnificences de la nature et de la puissance qui la gouverne? On n'est donc pas fondé à alléguer l'exclusivisme prétendu de cette école, contre les fonctions de l'organisme, dans la formation de la pensée.

La physique, la chimie, la mécanique, ont poussé très loin de nos jours les notions sur l'organisme; mais ces recherches sont restées incomplètes,

---

(1) Citation, avec l'indication des textes, extraite de 'ouvrage de Gall.

parce qu'elles ont laissé dans l'ombre tout ce qui se rattache à l'élément animique,

Son action nous est démontrée par des aspirations qui seraient un non-sens dans la création, si elles n'avaient pas leur raison d'être, un but. Elles ont été gravées de la main de Dieu dans l'organisme, où elles se produisent. Ces aspirations, ces désirs de l'âme dans ses ardeurs vers l'infini, sont limités par les lois de l'organisme, que la sagesse divine a disposées, pour la fin dernière de l'âme, où, libre de ses entraves, elle accomplira ses destinées.

Il y a loin, sans doute, ici-bas, de cette vue claire où la perfection divine nous apparaitra alors, mais cette obscurité est la sauvegarde de notre libre arbitre. Pascal a dit : l'homme ne voit les vérités révélées qu'à travers un voile, parce qu'elles l'entraineraient irrésistiblemmnt ; il n'aurait plus, alors, le mérite ou le démérite de ses actes; mais il en voit assez, pour déterminer sa volonté. vers ces clartés voilées sans lesquelles l'humanité resterait livrée à tous les écueils, à tous les bouleversements réservés au temps où devra se consommer le monde.

L'être humain avec ces deux éléments, corporel et animique, restreint, comme nous l'avons dit, dans ses facultés, est donc condamné par les con-

ditions de son organisme, à vivre dans les limites
où il est renfermé.

Tout ici-bas est limité. La puissance illimitée
dans l'univers n'appartient qu'à Dieu, qui l'a créé
et qui le gouverne. Nous avons beau nous agiter
autour de la question, elle aboutira toujours aux
enseignements du cathéchisme, qui est, même au
point de vue humain, l'expression de la plus haute
philosophie résumée en quelques mots.

A l'époque où Barthez inaugurait à Montpellier,
la doctrine spiritualiste, Bordeu, son contempo-
rain et son émule, l'un des élèves qui ont le plus
honoré cette école, analysait, dans ses recherches
sur les maladies chroniques, la doctrine d'un médecin né comme lui, dans le Béarn, Huarte,
savant écrivain, de la fin du xvie siècle.

Si l'on avait continué les études physiologiques
de Bordeu, dans l'ordre d'idées qui avait guidé ce
sage et savant observateur, nous aurions aujour-
d'hui le véritable positiviste dans la science de
l'homme, par l'accord des deux doctrines, organique et spiritualiste. Bordeu s'était mis, comme
Descartes, des entraves qui le retenaient heureu-
sement, je veux dire la foi dans la religion chrétienne, cette philosophie supérieure qui signale et
écarte les déductions hasardées ou hasardeuses.

« Au milieu des influences qu'il subit, disait
« Bordeu, l'homme est le même partout. Partout

« il est susceptible de sentir ses devoirs. Les
« principes de Huarte sont outrés, ils mèneraient
« infailliblement trop loin quelqu'un qui s'y livre-
« rait sans réserve. Si les médecins emportés par
« la fougue de leur esprit pouvaient se laisser
« conduire, au moyen des principes de Huarte,
« ils détruiraient les idées les plus saines et les
« mieux assises, sur la *liberté* de l'homme. »
Comment résisterait-il, en effet, à tous les tirail-
lements du dehors, s'il ne sentait pas en lui une
force intérieure, sauvegarde de la liberté ? Nous
voyons, en quelques mots, le jugement anticipé
porté sur le positivisme. un siècle avant son apparition, par la plus haute et la plus compétente
autorité dans la science.

On nous pardonnera d'insister, pour ne laisser
aucun doute sur le caractère d'une théorie qui
parle, avec des apparences de respect, des choses
que nous défendons, après les avoir mises à néant,
et qui croit échapper aux conséquences qu'elle
redoute, en affirmant qu'elle n'est pas matérielle.
Voyez plutôt. « Nous connaissons la matière
« comme phénomène et non comme subtance ;
« dès lors, comment serions-nous autorisés à
« parler de l'éternité passée ou de l'éternité future
« d'une chose dont nous ne connaissons que le
« côté phénoménal. »
C'est donc la matière, rien que la matière dans
l'univers.

La vie n'est-elle pas, dans cette hypothèse, le plus horrible fardeau qui pût peser sur l'homme ? Le vide qu'il sent autour de lui ne trouble-t-il pas, sans relâche et sans remède possible, une existence simultanément livrée aux angoisses du doute et aux impulsions d'un organisme protestant contre ce doute par ses aspirations et ses désirs toujours renaissants ?

Revenons aux clartés sereines répandues dans la science de l'homme par les physiologistes les plus éminents de la fin du siècle dernier et de notre temps.

Bordeu s'élève contre les notions courantes répandues par le système des mécaniciens à l'époque où il écrivait.

Le célèbre physiologiste médecin ne semble-t-il pas avoir prévu où devait nous conduire cette fureur d'aller ? N'est ce pas ce que nous voyons aujourd'hui, le positivisme fondé sur la négation de Dieu et de l'âme ; ces éternels principes qu'il tenait dans le plus grand respect, lui qui avait fouillé l'organisme de manière à scruter ses fonctions dans ce qu'elles ont de plus intime, de plus caché, avec une persévérance qui remontait à l'époque de ses premières études médicales.

L'étude de la science de l'homme a compté presque de nos jours, deux sommités médicales, après Barthez et Bordeu, dans l'école spiritualiste, les docteurs Gall et Broussais ; le premier, dans son grand ouvrage si riche en recherches physiologiques, philosophiques, historiques et religieuses, enregistre à toutes les pages les manifestations les plus explicites, qui s'accordent avec les enseignements de la révélation. Broussais accepte pleinement les causes premières. Le discours prononcé par ce professeur, sur la tombe de Gall, prouve que les dissentiments de ces deux écrivains avec quelques médecins de leur temps, tenaient à des rivalités de système et non à des tendances matérialistes, qui servaient de prétexte à une polémique envieuse et haineuse.

Voici le passage de ce discours : « Quelque ju-
« gement que l'on doive porter sur le système de
« Gall, il ne faut point l'accuser, comme on l'a
« fait, de conduire au matérialisme et à l'athéisme.
« Les spiritualistes de tous les temps sont conve-
« nus que le cerveau était un organe indispensable
« pour penser. Qu'a dit de plus, le célèbre anato-
« miste Allemand ? A-t-il avancé quelque part,
« que le cerveau pût penser tout seul, sans le con-
« cours de l'âme immatérielle ? Non; il s'est
« contenté de disséquer cet organe physique, de
» le diviser en plusieurs parties, dont il a monré
« les divers usages. Les spiritualistes de notre
« époque, s'ils sont de bonne foi, n'en concluront
« qu'une chose, c'est que l'âme, simple dans son

« essence et dans son action, a un instrument
« multiple à son service pour accomplir des actes,
« dont on ne niera pas, sans doute, l'infinie mul-
« tiplicité. Au reste, Gall a répondu lui-même à
« ses calomniateurs, dans son ouvrage intitulé :
« *Des pensé s innées de l'âme et de l'esprit ou
« du matérialisme.* »

Telle est l'appréciation de Broussais, sur le
docteur Gall. Une justification plus complète vient
terminer le débat. Elle émane du fondateur lui-
même de la nouvelle école, qui, ne pouvant traiter
la question physiologique sans mentionner les
travaux de ses illustres devanciers, n'a trouvé
qu'à exprimer le regret de les voir mêler le
spiritualisme à leurs recherches physiologiques.

La conclusion de ce qui précède contre les prétentions de l'école nouvelle, prouve que le progrès
indéfini est physiologiquement impossible, à moin s
qu'elle ne prouve, à son tour, que le temps peut
modifier l'organisme, soit par l'addition de nouveaux organes, soit en augmentant indéfiniment
les propriétés de ceux qui le constituent ; car il
s'agit pour cette école, d'arriver par évolutions
successives, jusqu'à l'évolution suprême, qui serait
l'idéal de toutes les perfections.

Sans remonter au temps où l'homme est apparu
dans le monde et sans attacher plus d'importance
qu'il ne convient à ces périodes qui ont précédé

l'époque où se sont constituées les grandes nations, arrêtons-nous d'abord à la nation Egyp-
tienne.

Etudions et voyons les modifications qu'elle a
pu subir depuis l'époque de Moïse. Ce législateur
paraît-il inférieur aux législateurs de notre époque ? Le Décalogue, qu'ils ont tous copié et que
les peuples les plus éclairés se sont transmis avec
vénération, n'indique-t-il pas que les voyants
(selon le langage de l'école positiviste), qui con-
duisaient les peuples, y voyaient tout au moins
aussi clair et aussi haut que les voyants de notre
temps? Cependant le Décalogue fut écrit 1,500 ans
avant Jésus-Christ; ajoutez à ce chiffre 1,800,
depuis sa venue, nous aurons le chiffre respectable de 3,300 ans, pendant lesquels l'évolution
intellectuelle et morale est loin d'avoir progressé.

On nous rappellera, sans doute, le progrès des
sciences accompli dans cette période. Nous fe-
rons remarquer que le progrès intellectuel est,
selon nous, caractérisé avant tout par les vues
élevées, par les grandes conceptions sur l'humanité, dans ses rapports avec l'être divin. Est-il, en
effet, rien de plus élevé , que cette philosophie,
sans laquelle on ne peut réformer ou perfection-
ner les mœurs, ni fonder des institutions sociales ?

Quelle ne doit être l'importance de cette philosophie, puisqu'elle a suffi à la gloire de Socrate et de Platon, son disciple !

Nous touchons à la civilisation de l'ancienne Grèce. Il suffit de mentionner cette brillante époque, au point de vue purement humain. Guidée par les restes dispersés et confus d'une révélation primitive, elle était parvenue, sous le rapport littéraire, artistique et philosophique, à une hauteur qui n'a été dépassée de nos jours que, sous l'influence immédiate et directe du christianisme.

Le progrès, dans le système positiviste, c'est le développement continu de la pensée élevée à sa haute puissance. La doctrine spiritualiste le poursuit aussi avec ardeur et accepte ses œuvres parce qu'elles sont la glorification de Dieu, dans la plus belle de ses œuvres, l'homme fait à son image. Mais ce progrès continu, qui est la loi fatale du positivisme, la condition indispensable de sa suprême évolution, s'accomplit dans la doctrine spiritualiste par le concours de l'organisme et de l'âme, ces deux puissances dont une loi divine a mesuré et réglé les effets.

Dans le système matérialiste, les fonctions des organes sont exclusivement le résultat des propriétés de la matière.

Or, il reste encore à noter, comme une grande loi vitale d'observation et d'expérience scientifiques, le principe psychique à qui a été départi l'empire sur le cerveau, qui lui transmet les impressions des sens, « suivant qu'il est bien ou mal « disposé; car, il en est de cette partie comme « des autres, qui, pour être en état d'obéir à l'âme, « demandent certaines dispositions; ce qui montre, « en passant, que le pouvoir de l'âme sur le corps « a ses limites (1). »

Un traité de physiologie positiviste réduit à l'étude des sensations, serait désormais le catéchisme des générations futures et suffirait à toutes les exigences de l'état moderne social ; car, il ne s'agit de rien moins que de reconstituer à nouveau la vieille conception du monde.

Cette doctrine extravagante prêterait à rire, si elle n'avait pas un côté sérieux par les conséquences de sa théorie. Elles sont physiologiquement inévitables et de plus irrémédiables, parce qu'elles auraient pour effet une lésion organique du cerveau qui affaiblirait progressivement son action jusqu'à déterminer l'atrophie d'une ou plusieurs de ses parties. Essayons de le démontrer.

Le cerveau effectuant la pensée, doit être en rapport direct par l'intensité de sa fonction, avec l'exercice de cet organe, dans l'ordre d'idées où il travaille. Cet ordre d'idées est il constant, actif.

_____

(1) Bossuet. *Connaissance de Dieu et de soi-même.*

l'organe acquiert une énergie proportionnelle à la constance de cet ordre d'idées? Si bien que quand il n'est plus stimulé par ces idées, il perd son aptitude à les reproduire.

Le positivisme exclut les principes Dieu et l'âme ; il est évident, dès lors, que ces principes tomberont dans l'oubli et que l'organe ou la portion d'organe qui les rappelait, aura, par son inaction, perdu ses aptitudes à les reproduire. C'est une loi physiologique absolue que le positivisme ne peut pas éluder. Il arrivera donc fatalement qu'une société assujettie au régime de ce système, ne formera plus qu'un peuple à l'état de crétinisme. Il est donc oiseux aujourd'hui de répéter les preuves tant de fois données à l'appui de l'existence de Dieu et de l'âme. Ce sont des textes complètement épuisés. Il résulte de l'étude de cette question que le spiritualisme est tout-à-fait réhabilité scientifiquement.

Il est difficile de comprendre l'importance qui semble s'attacher à un système qu'on ne discuta même pas à l'époque de son apparition. Le bon sens public ne tardera pas à en faire bonne justice. M. Caro l'a réfuté, il y a peu de temps, au point de vue de la morale, dans un mémoire lu à l'Académie.

Il est permis de faire observer que cette théorie des premiers réformateurs de la science continuée de nos jours, par M. Littré et M. Claude-Bernard, si elle n'avait pour parrains ces deux savants académiciens, n'aurait pas été prise au sérieux. Il suffit d'énoncer la théorie de la chimie vivante de M. Claude-Bernard, discutée par M. Bouchut. C'est, dit le critique, une série de compositions et de décompositions qui constitue la vie. Les molécules de matière se consument pour être immédiatement remplacées par de nouvelles molécules consumées à leur tour. C'est une fournée vivante en action jusqu'à l'extinction de la vie. Le chimiste a un moment d'embarras, il est vrai, pour dire comment s'alimente ce feu continuel. Il emprunte au spiritualisme son principe en dehors de l'organisme ; seulement, il se borne à en changer le nom. Il fallait un principe quelconque, au milieu de ce brasier, où chaque jour l'organisme se fait et se défait, pour comprendre comment le cerveau seul peut avoir ses molécules incessamment renouvelées, rappeler à notre souvenir dans la vieillesse et d'une manière plus distincte que les faits de la veille, ceux qui se sont produits dans notre jeunesse. Il y a dans l'art du souvenir un phénomène incompréhensible, si on n'envisage pas l'indispensable concours de l'âme dans la production de ce phénomene. Il est constant que nos organes sont complètement renouvelés tous les six ou sept ans. Comment, dès lors, dans ces continuelles transformations de la matière cérébrale, les vieux souvenirs pourraient-ils se reproduire? Nous sommes amenés, par une suite d'observations physiologiques, à admettre, comme déduction logique, inévitable, *l'existence de l'âme*. Elle se manifeste irrésistiblement dans l'acte du souvenir, et s'impose à la science comme l'unique agent du phénomène. Supprimez cet agent, vous êtes forcé de créer scientifiquement son équivalent, comme résultat d'expérience et d'observation.

Cependant le chimiste ne voit et ne veut que la matière dans son laboratoire. Ah ! flagrante contradiction ! n'est-ce pas là la justification de l'épigraphe que nous avons mise en tête de notre article (1).

L'auteur espère que la philosophie spiritualiste, réhabilitée depuis le commencement de ce siècle, n'a pas à redouter les entreprises des novateurs contre le christianisme. Toutefois, il y a lutte ; dès lors, s'abstenir, c'est faillir.

Notre société actuelle, indifférente au souvenir des luttes philosophiques qui avaient passionné

---

(1) Les *Réflexions philosophiques sur la Libre-pensée* furent publiées en articles dans le courant de l'année 1875.

nos adversaires, en a gardé un profond dégoût. Antipathique à l'erreur, elle conserve comme un trait de caractère national, un culte pour le vrai, prêt à se produire le jour où, libre dans sa spontanéité et mieux éclairée, elle poursuivra les inspirations qu'elle tient d'un enseignement de 1,500 ans. Quelque opinion qu'on ait sur la Révélation, les résultats du christianisme sont tout aussi extraordinaires, philosophiquement que théologiquement parlant.

Que peuvent donc, aujourd'hui, les efforts de l'erreur ? L'aberration mentale dont elle est le symptôme, semble toucher, en ce moment, à son plus fort paroxysme. C'est la réaction d'une pensée qui se sent fourvoyée, exaltée jusqu'aux suprêmes efforts de la lutte dont elle attend le succès. Ses tentatives sont surtout enhardies par l'insuffisance des notions de la saine philosophie.

Qu'elle est étrange, cette logique nouvelle qui appelle nos étonnements et notre admiration sur un mécanisme merveilleux et nous enjoint de fermer les yeux pour ne pas en voir l'auteur! Mais le mécanisme du monde, dans sa constante régularité, aurait depuis longtemps épuisé notre admiration si, à travers les splendeurs de l'univers, nous n'apercevions pas la main qui gouverne.

Qu'on ne dise pas que cette puissance est

inconnaissable ; elle nous saisit et répand en nos
âmes une si vive lumière qu'elle semble y réaliser sa présence. Le réalisme, en effet, avec
ses notions , déduites de l'usage exclusif des
sens, parle avec moins d'autorité à la raison
que l'ardent témoignage de la conscience où
Dieu se révèle. Laissons à l'écart une science
stérile qui n'aboutit qu'à de vaines curiosités
si elle ne fait pas apparaître à notre raison
la puissance infinie qui peut seule assouvir, avec
le besoin de la connaître, le désir insatiable de
la posséder : science tronquée qui brise les élans
du cœur et ferme à la pensée les grands horizons
où elle se dilaterait sans bornes.

Il était réservé à notre époque de nous livrer
aux langueurs du marasme psychologique ,
cette nostalgie nouvelle apportée par les enseignements pernicieux qui excluent les sociétés
modernes de la patrie céleste.

L'attention de l'auteur s'était portée, depuis
longtemps, sur le danger de ces fausses doctrines.
Pour les conjurer il avait adressé au Sénat, en
1862, une pétition dont les considérants, quoique
repoussés par l'ordre du jour, n'en conservent
pas moins, aujourd'hui comme alors, leur utile et
salutaire justification. L'enfant, disait le pétitionnaire, initié à la vie morale dès l'âge de 11 à
12, ans ne peut croire que par une adhésion sur-

naturelle, aux vérités qu'on lui enseigne. La foi
se soutient, sous l'autorité de ses maîtres, par les
sages exhortations, par la pratique de la piété ;
mais livré à lui-même pendant ses hautes études,
accoutumé alors à se rendre compte de tout,
l'élève sent bientôt la foi se flétrir dans son cœur
et il repousse ce qu'il ne comprend pas. Il importe
alors, ajoutait le pétitionnaire, de compléter son
instruction religieuse en modifiant le programme
du cours de philosophie. Dans ce but il proposait,
pour les élèves de cette classe , des conféren-
ces où on leur expliquerait que les mystères
imposés à notre foi, loin de heurter la raison,
trouvent toujours dans ses investigations des mo-
tifs de crédibilité. L'auteur ne rappelle sa pétition
et les vœux qu'elle contenait que comme un temoi-
gnage de convictions que le temps n'a pas
diminuées.

En parlant de la foi, nous arrivons au surnaturel et conséquemment aux miracles, cet épou-
vantail de notre raison lorsqu'elle est livrée à
l'unique lumière des impressions faites par les
objets sur les sens, et aux caprices de l'imagination. Mais les règles de la logique ne varient pas
au gré des novateurs. Si l'imagination donne car-
rière à ses fantaisies, l'entendement ne perd pas
ses droits et c'est lui qui rend ses jugements conformément à cette lumière éternelle, invariable,

dont nous ne pouvons éviter les clartés, bien qu'il nous plaise souvent de les fuir. C'est la raison, ainsi définie par la philosophie de tous les temps, dont nous contatons l'accord avec la foi dans les considérations qui suivent.

Laissons de côté les controverses sur les prophètes, sur les miracles de Jésus et le caractère divin de la Révélation, pour nous tenir au fait indiscutable de la venue du Christ. Oublions un moment les préventions contre son culte et soumettons au jugement impartial de la raison les faits historiques qui se détachent de cette existence. On peut affimer qu'il ne se trouvera pas, après cet examen, un contradicteur qui refuse les hommages dont les bienfaiteurs de l'humanité ont le privilège, à cette grande figure céleste incarnée pour briser les chaînes qui rivaient à la terre les corps et les âmes.

Envisageons l'état du monde à cette époque ; il était désespéré. Dans cette situation, il s'est produit une pensée de réforme prompte, complète, universelle ; car l'empire romain représentait le monde d'alors. Ce fait s'étant accompli dans ses dernières conditions, il est facile à notre raison de l'indiquer. Mais n'oublions pas la grandeur ou si l'on aime mieux, l'étrangeté de la conception et du mode d'exécution. Il est impossible, en s'inspirant des œuvres des législateurs, de trouver dans

les procédés de la raison humaine un expédient
aussi hardi, aussi efficace que l'apostolat du divin
législateur. Vous lui déniez le caractère divin ;
cependant, il faut faire entrer dans le cadre de la
période historique où elle s'est produite cette vaste
conception d'un génie hardi, profond, sûr de lui-
même. Ici apparaît, malgré vous, la grandeur de
la Révélation. Ce n'est plus la foi acceptant le
concours de la raison, c'est la raison recevan
des lumières de la foi une inspiration qu'elle était
impuissante à trouver elle-même.

Jésus venait annoncer la bonne nouvelle au
monde nouveau avec la morale austère qui devait
en être la règle. Cette nouvelle devait se répan
dre dans le monde entier. Qui, alors, eût osé
songer à l'apostolat chrétien ? La prédication des
Apôtres fut l'acte d'une spontanéité toute nouvelle dans l'enseignement des peuples. Jusque-là,
les notions de la divinité avaient été réservées
pour les adeptes de sectes philosophiques, à l'ex-
clusion des foules. Quand le colosse romain fut
frappé dans ses institutions morales et religieuses, que pouvait l'enseignement rationnel des hom
mes en présence des multitudes qu'il fallait ini-
tier immédiatement à cette nouvelle doctrine ?
Quel langage leur tenir ? A quels hommes le con-
fier ? Et, avant tout, à qui, parmi les hommes
d'alors, pouvait incomber l'initiative d'un tel en-

seignement? Oh! c'est bien cette heure du désespoir, cette heure solennelle que, selon l'expression de Bossuet, Dieu s'est réservée pour agir
quand il lui plait. Il plût à Dieu de dire à ses
Apôtres : Allez dans le monde et l'enseignez.
L'apostolat, comme tout ce qui tient à la vie de
Jésus, présente un caractère surnaturel. Cependant nous sommes en pleine réalité historique.
Une grande personnalité apparaît vers laquelle
convergent tous les grands évènements qui se
sont produits chez les peuples civilisés. Le surnaturel, qui fut l'attribut exceptionnel de Jésus,
est donc aussi peu contestable et constitue un fait
aussi positif que la vie même de Jésus, dont personne ne doute.

Nous voilà donc arrivés par l'étude des faits
historiques, rationnellement analysés, aux conclusions que vous redoutiez. Vous avez repoussé
le miracle, sans vous débarrasser du surnaturel.
Les faits sont plus forts que les préventions; car
s'ils n'attestent pas l'existence du surnaturel, ils
ont, du moins, un caractère extraordinaire qui
place la puissance qui les produit au-dessus des
lumières de la raison.

Origine et destinée, questions qu'on n'effacera
jamais de nos croyances!

Cette doctrine restera donc, aux yeux de la
raison, comme la plus haute manifestation où

devait s'élever par le progrès des temps la pensée religieuse des peuples. Le théisme n'est plus aujourd'hui qu'un religion attardée qui nous reporte à l'âge de Moïse.

A l'époque où l'on essaya de reconstituer les sciences, conformément à la méthode de Bacon. la plus grande illustration médicale du Midi de la France, Barthez, appliqua le premier à l'étude de la science de l'homme la méthode expérimentale de l'illustre chancelier d'Angleterre.

Croirait-on qu'au moment où l'illustre professeur de Montpellier rappelait les principes de la méthode de Bacon, on repoussait ailleurs systématiquement les faits que le grand physiologiste recommandait à l'attention des observateurs?

Le positivisme se trouvant, par son procédé philosophique, en dehors de toutes les saines traditions qui avaient jusqu'ici gouverné la raison, ne trouve rien à emprunter aux œuvres philosophiques qui l'ont précédé, et nuit, par son insuffisance, aux œuvres de progrès qui tenteraient de se produire.

Il est essentiel de faire remarquer que le positivisme s'étayant sur la pensée de Comte, relative

---

(1) Augustin Chao, auteur des *Religions comparées*.

à la conception nouvelle du monde, en a méconnu la portée par l'étroitesse de ses vues. Un jeune savant mort héroïquement à Buzenval, Gustave Lambert, que nous avons entendu à Agen tenir une conférence dans le but d'accomplir un voyage de découvertes, s'est aussi occupé de sociologie au point de vue de la science nouvelle. J'extrais de son livre sur Augustin Chao (1) les lignes qui suivent :

« Nous ne partageons pas, pour notre compte, « l'opinion de quelques hommes qui paraissent « croire qu'il n'est pas nécessaire d'avoir une « religion systématisée, frein de l'intelligence va- « gabonde, règle de nos actes, guide de nos sen- « timents. Certains de ces hommes daignent « reconnaitre qu'il faut une religion pour les « masses, mais ils croient que les couches sociales « éclairées peuvent s'en passer. Nous sommes « profondément religieux nous-même et, à ce « titre, nous ne pouvons que blâmer énergique- « ment une pareille méthode de voir. Les classes « éclairées ont encore plus besoin que les masses « d'un système religieux Les conducteurs sociaux « doivent ressentir l'absence d'un phare qui les « éclaire plus vivement, que les troupeaux hu- « mains qui se laissent conduire. » L'école spiritua- liste est, pour Lambert, ce qu'il appelle la grande école, celle qui a le mieux compris le régime qui

convient à l'humanité. « Constitution de l'Eglise ;
« association puissante qui relie le présent ou
« l'Eglise des vivants avec le passé ou la commu-
« nion des saints. Toutes ces institutions sont à
« calquer dans le régime nouveau ; conciles œcu-
« méniques, magnifique tradition à reprendre
« dans son origine. Le chef impersonnel de la
« religion vraie courbera sous son pied les têtes
« des rois et des masses populaires. Ce sera le
« chef du véritable pouvoir spirituel. Tout cela
« est au complet. Pour la famille, le régime est
« extrêmement remarquable et, sauf quelques
« nuances secondaires, le régime de la grande
« école mérite d'être accepté, comme l'expres-
« sion du vrai, pour la conduite morale de la
« vie. La France à copié l'école dans son insti-
« tution civile et elle ne pouvait mieux faire. Pour
« l'homme, il y a beaucoup de bon, d'excellent.
« Le sacrifice, le dévouement, l'abnégation, sont
« des mots inscrits en lettres de feu sur le por-
« tique des temples consacrés à Jésus. Aimez-
« vous les uns les autres. Cette magnifique parole,
« symbolisée dans l'histoire par le nom d'un grand
« martyr, fait comprendre l'adoration par le cœur
« de celui qui fut grand par le cœur. Cette ma-
« gnique parole doit appartenir à l'humanité
« entière. »

Ces citations semblent détachées de l'enseignement des Pères de l'Eglise, que Lambert avait profondément étudiés et qu'il avait en grande vénération, parce qu'ils avaient fondé ce qu'il appelle la grande école philosophique qui florissait dans le xviiᵉ siècle. Ce n'est pas un médiocre hommage rendu à notre école religieuse par un adepte de Comte. La sociologie de ce dernier, interprétée par Lambert, est en opposition au positivisme de M. Littré, qui repousse toute idée de religion et de culte.

Le système exclut Dieu sans affirmer, à la vérité, qu'il n'existe pas, mais en déclarant qu'il est inconnaissable et, qu'au demeurant, on peut faire sans lui. Dès lors, pas de religion ni de culte. Ce que la grande école avait admirablement compris, dit Lambert, se rapporte précisément à l'enseignement général. « S'il était possible de supprimer « seulement pendant trente ans l'instruction occi- « dentale, nous rétrograderions de trente siècles.

« L'enseignement, dans sa plus haute significa- « cation, a un but essentiellement religieux ; il a « pour but la communion des hommes dans le « passsé comme dans l'avenir, la connaissance « de Dieu manifestée dans ses lois. » Encore une preuve entre mille que l'erreur, si prompte à détruire, ne peut restituer que par les lumières de la grande école et de la Révélation, c'est-à-dire par le secours de la foi. Si le déiste, auteur des longs fragments que nous venons de citer, n'était pas insouciant des dangers de sa théodicée, il se faisait, du moins, illusion sur l'action des bienfaisantes institutions sur lesquelles il voulait la fonder. Or, ces institutions sont toujours insuffisantes quand elles n'ont pas pour sanction la divinité effective de Jésus. Toutefois, nous sommes loin de la théophobie du positivisme et ce n'est pas sans étonnement qu'on trouve, dans le livre d'un adepte de Comte, la pensée d'unité gouvernementale dans le monde par un Conseil œcuménique.

Le sociologiste de l'école moderne, avec les diverses écoles en dehors de la Révélation, admet Dieu, cette expression synthétique du beau, du vrai, du bien, comme loi suprême qui résume les forces de la nature. Lambert, obsédé d'un côte par les exigences du système pour lequel l'Être suprême n'est qu'une abstraction ; d'un autre côté, dominé par les élans du cœur dans l'étude des phénomènes de l'intelligence et du sentiment, manifeste, à chaque page de son livre, qu'il subit la puissance des enseignements de ce qu'il appelle la grande école à laquelle il a emprunté son régime pour la conduite des sociétés.

Je regrette que cet hommage rendu à une grande intelligence et à un grand cœur doive rester enseveli dans cette étude. Je n'ignore pas que les hommages de cette sorte n'ont d'autorité que pour la notoriété littéraire d'où ils émanent. L'auteur a vu de très près le jeune savent ; il se souvient avec émotion de son estime pour les fortes convictions ; il les respectait au point de s'excuser avant de les combattre pour ne pas offenser les coyances qu'il ne partageait pas. La mort prématurée de Lambert a été la fin d'une célébrité de l'avenir, qui eût puissamment servi la grande école dont nul écrivain laïque n'avait peut-être mieux arprécié les grandes œuvres, au point de vue la science sociale et morale (1).

L'esprit du système, comme l'esprit de parti, a aussi ses entraînements. Lambert a subi cette double influence qui caractérise notre état social actuel. Cette influence se manifeste par des con-

_____

(1) Gustave Lambert, cœur ardent, esprit infatigable, qui s'inclinait, dans le respect et l'abnégation, devant la grande école philosophique guidée par les lumières du Christianisme, succombant vaillamment à Buzenval, pendant le siège de Paris, n'aurait-il pas été frappé des coups de la grâce ? Nous conservons le consolant espoir que, dans le suprême déchirement où l'âme se dégage des entraves de l'organisme, il fut illuminé par les célestes clartés et qu'il pût entrevoir les splendeurs du naturel, dans les fins dernières que Dieu nous réserve.

tradictions inévitables dans le système de l'erreur,
Le déiste, adepte de Compte, admet nos institutions religieuses et conclut contre la pensée qui
les a dictées. Aussi ne doit-on pas être surpris
de voir le hardi novateur nous proposer, comme
moyen d'ordre social dans la nouvelle organisa-
tion à venir, l'infaillibilité d'un chef suprême qui
courberait tout sous sa loi.

Mais où sera, demanderons-nous, la sanc-
tion de cette loi? Dans la pénalité, dira-t-on ; et la
sanction de cette pénalités elle-même? Nous
l'avons, direz-vous, dans la morale de notre
état social. C'est votre dernière sanction ! Et
bien, voici toute une génération de valides et
d'invalides, de pauvres et de riches, d'heureux
et de malheureux, de justes et d'injustes, de bons
et de méchants ; croyez-vous que les mauvais
instincts, les passions qui nous dominent souvent
soient contenus ou même inquiétés par la morale nouvelle? Cela ne peut pas être mis en question, eussiez-vous même complété l'éducation de
tout un peuple sur cette morale. Oh! que vos
dedains nous inspirent de pitié quand nous les
comparons aux enseignements du Christianisme !

Vous repoussez le surnaturel,— miracle, infaillibilité. Voilà donc les mots rassassés aujour-
d'hui et signalés au public comme des stupéfiants
de la raison et des obstacles au progrès. Nous

n'avons pas à discuter avec les novateurs dans l'attente d'une conciliation possible, ni aucune concession à leur faire. Pour nous, le Christianisme est le dernier terme de la pensée religieuse, comme la philosophie est le dernier progrès de la raison aboutissant aussi à la Révélation.

« Je ne vois pas, écrit le comte de Maistre (1), « pourquoi les gens du monde que leur inclina- « tion a portés vers les études sérieuses, ne vien- « draient pas se ranger parmi les défenseurs de « la sainte cause. Quand ils ne serviraient qu'à « remplir les vides de l'armée du Seigneur, on « ne pourrait, au moins, leur refuser équitable- « ment le mérite de ces femmes courageuses « qu'on a vues quelquefois monter sur les rem- « parts d'une ville assiégée pour effrayer l'œil « de l'ennemi. » Ce serait, peut-être aussi, aider à la sainte cause que s'efforcer de combattre les préventions entretenues par les fausses notions, sur des mots dont on a altéré la véritable significa- cation. « Il n'y a pas de sociétés humaines, pour- « suit de Maistre, sans gouvernement, ni de gou- « vernement sans souveraineté, et par consé- « quent, sans infaillibilité.

---

(1) OEuvres du comte de Maistre, *Du Pape.*

« Ce dernier privilége est si absolument né-
« cessaire qu'on est forcé de le supposer dans
« les souverainetés temporelles où il n'est pas,
« sous peine de voir l'association se dissoudre.
« L'Eglise ne demande pas plus que les autres
« gouvernements. »

Dans l'un comme dans l'autre cas, c'est la raison affirmant leur nécessité. Que la théologie
rattache l'infaillibilité à une promesse divine,
qu'est-ce à dire , si ce n'est qu'elle y trouve une
sanction qui nous manque. Nous avons parlé du
miracle dans le cours de cette étude et nous
croyons avoir établi que la méthode philosophique, introduite par Descartes dans l'étude des
faits psychiques, avait amené notre grand philosophe aux mêmes conclusions que la théologie,
c'est-à-dire aux dogmes de l'Eglise sur le Christianisme. Notre raison n'a donc pas à s'effarou-
cher de croyances qui ne lui demandent aucun
sacrifice ; car c'est la raison elle-même qui, par
l'autorité des grands hommes du xviie siècle, philosophes, littérateurs , savants, vient constater
l'ascendant chrétien qu'aucun système ne peut
faire oublier ni remplacer.

Jamais, peut-être, le monde n'a touché de si
près aux grands événements qui semblent inaugurer la prochaine alliance des choses divines aux
choses humaines. « J'en jure par l'éternelle vé-

« rité, disait l'écrivain philosophe déjà cité, et
« nulle conscience européenne ne me contredira ;
« la science et la foi ne s'allieront jamais, hors
« de l'unité. »

Mais cette union tend à se constituer tous les
jours, par le fait même des dissentiments religieux
qui ne laissent intact que le catholicisme. Les
sociétés civilisées du monde entier ne possèdent-
elles pas le code divin qui peut seul les rallier ?
Pourquoi la science y viendrait-elle contredire et
faire obstacle ? Quoi, vous supposez que le grand
code de l'Église, qui a fait le monde ce qu'il a été
dans la splendeur des civilisations chrétiennes,
pourrait, dans sa dignité et sa grandeur, sacrifier
à des considérations d'intérêt humain le suprême
intérêt de l'unité catholique ! Détournons nos regards des mouvements d'opinion qui agitent la
surface de la société ; cherchons, au fond, ses
besoins et ses aspirations ; il s'agit de ramener le
calme dans les esprits en substituant la vérité à
l'erreur et en portant la confiance avec la sécu-
rité dans les divers travaux ouverts à la libre
initiative de tous.

Comment obtiendrons-nous la persévérance
dans le travail, le courage dans les déceptions et
les revers, si nous ne faisons pas pénétrer dans
les âmes et dans les cœurs la charité qui les ré-
chauffe. Un peuple ne peut être constitué à l'état

de nation qu'au moyen d'une communauté de sentiments épurés et soutenus par la religion. Elle seule peut faire naître dans les amilles l'abnégation et le dévouement et dans les nations fomenter le patriotisme qui les préserve et les conserve.

Religare : Religion. Nous sommes depuis dix-huit cents ans en possession du lien qui rattache les hommes à Dieu et entre eux par les préceptes d'une doctrine jusqu'alors inconnue. La science (si elle n'est pas un mot vide de sens), qui a pour but le bonheur des hommes et pour mission la diffusion des salutaires institutions qui, seules, peuvent le donner et que les novateurs nous envient, n'a rien à attendre des enseignements du déisme. Ne pouvant désormais être discuté comme science, il se présente aujourd'hui sous tant de variétés qu'il ne semble plus qu'un texte fourni par l'imagination pour aboutir aux fantaisies du roman. Les systèmes philosophiques de notre temps ont tellement abusé de l'analyse si et subtilement disséqué l'idée, qu'ils sont arrivés à mettre en doute les plus claires lumières, l'évidence même ; c'est la philosophie hégélienne arrivée à l'identité des contraires. Au XVIIIe siècle, on attaquait la foi au nom de la raison. Aujourd'hui, on attaque la raison même.

Il est temps de la mettre sous la sauvegarde de la foi et de les faire se prêter un mutuel appui. Sous l'influence des nouvelles tendances, la raison livrée à ses propres lumières perdrait son autorité et tout serait brisé , à la fois, dans le monde, le joug de la raison et le joug de la foi.

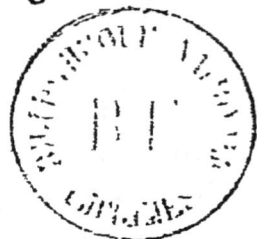

TABLE DES MATIÈRES

AGEN, IMPRIMERIE Ve LAMY, RUE SAINT-ANTOINE, 43

www.ingramcontent.com/pod-product-compliance
Lightning Source LLC
Chambersburg PA
CBHW060633100426
42744CB00008B/1617